Cuisine des familles

La cuisine mexicaine

W0309055

Cuisine des familles

La cuisine mexicaine

Carmen Ruiz Montoya et Jennifer Iserloh

Reportage photo

Jean-Marc Wullschleger

Photographies des recettes

Valéry Guedes

Stylisme des recettes

Natacha Arnoult

SOLAR

Les nachos au crabe de Maria p. 20

Le bœuf grillé de Domingo p. 52

La soupe de coriandre de Mercedes p. 64

Le guacamole de Luis Arturo p. 74

Le gâteau au fromage de Micaelina p. 106

Le chili con carne d'Aniceto p. 116

Sommaire

Maria, la mère

Je m'appelle Maria. Je suis née et j'ai toujours vécu à Santa Cruz, qui se trouve dans la région de Puebla, quatrième ville du Mexique. Nous sommes au coeur du pays, sur les hautes terres, à plus de 2 000 mètres d'altitude. Mon mari et moi avons une petite exploitation agricole. Cela représente beaucoup de travail, mais je suis heureuse ici, parce que la région est magnifique et que je suis attachée aux traditions ancestrales et aux célébrations qui rythment l'année, qui soudent la communauté, loin de l'individualisme des grandes métropoles.

Mon mari Domingo a grandi dans le même village que moi. Il est parti faire ses études à Mexico et a tenté sa chance là-bas. Mais, il n'était pas facile de trouver un emploi, et je suis persuadée qu'il ne se plaisait pas dans cette grande ville. Il est revenu au village voici douze ans, et nous nous sommes mariés. Domingo a repris les terres que ses parents exploitaient, puis a acquis petit à petit d'autres lopins et plus récemment un champ d'agaves – une variété de cactus qui sert notamment à la distillation de la tequila. Il est heureux ainsi, ça se voit !

Domingo, le père

Aniceto, le grand-père

À 68 ans, mon beau-père Aniceto est toujours très actif, il ne sait pas se reposer. C'est un homme d'honneur, très attaché à sa famille et aux traditions, toujours élégant avec sa chemise blanche immaculée et son sombrero. Il parcourt les terres familiales pour vérifier que tout va bien. Il aide aussi lors des récoltes. Son expérience nous est très précieuse. Je crois qu'il aurait aimé avoir des chevaux... Il leur voue une véritable passion et ne manque aucune des fêtes où ils sont à l'honneur.

Mercedes, la fille

Plutôt timide et réservée, ma fille Mercedes a 9 ans. Elle est patiente et s'occupe bien de son petit frère ; ils jouent d'ailleurs souvent ensemble. Elle va à l'école primaire avec plaisir et obtient de bons résultats scolaires. Elle a de l'ambition et voudrait étudier à l'université, plus tard. C'est une enfant réfléchie, qui montre une grande sensibilité et des talents artistiques, notamment en dessin. Elle aime passer du temps avec ses amies, mais ne rechigne jamais quand je lui demande de l'aide à la maison, surtout en cuisine.

Mon fils Luis Arturo, qui n'a que 5 ans, ressemble beaucoup à son grand-père, et tous deux passent beaucoup de temps ensemble. Il se prend pour un cow-boy et porte lui aussi un sombrero. Il montre déjà beaucoup de détermination malgré son jeune âge, et attend avec impatience ses 6 ans pour apprendre à monter à cheval. Nous le lui avons promis. Luis Arturo est enjoué et très gourmand. Il est encore trop petit pour que je le laisse farfouiller dans la cuisine, mais c'est un « goûteur » très sûr.

Luis Arturo, le fils

Micaelina, la grand-mère

Les parents de Domingo vivent dans une jolie maison à quelques rues d'ici et nous aident dans la gestion de l'exploitation agricole. Micaelina est une cuisinière remarquable. C'est la championne du mole poblano, le plat emblématique de Puebla, aromatisé au chocolat... Elle confectionne aussi d'exquises tortillas de blé et de maïs. J'admire sa dextérité, et je n'hésite pas à lui demander conseil. Je lui rends souvent visite ; c'est toujours agréable, car sa maison est très joliment décorée, et j'aime l'écouter raconter des histoires !

La fête se prépare !

Il fait déjà chaud ce matin : plus de 30 °C à l'ombre. Nous sommes le 3 mai, et aujourd'hui, c'est la fête de Santa Cruz, qui est aussi la fête du Maïs. La fête de Santa Cruz marque la fin de la saison sèche et le début de la saison des pluies, qui est aussi le début de la saison du maïs. Autrement dit, c'est un symbole fort de fertilité et de croissance. Ce n'est pas à proprement parler une fête religieuse, comme nous en avons tant au Mexique – nous venons de fêter la San Marcos et allons célébrer la San Isidro dans une dizaine de jours. En fait, dans mon pays, tous les prétextes sont bons pour se réunir, faire la fête et... manger bien sûr !

Nous sommes tous réunis pour la fête.

Notre famille apprécie particulièrement la fête de Santa Cruz, parce qu'elle nous donne l'occasion de passer la journée tous les six : mes beaux-parents, nos enfants et nous. Et nous n'en avons pas si souvent l'occasion ! Mes beaux-parents, Micaelina et Aniceto, doivent passer nous chercher. Justement, ils viennent d'arriver, et j'entends les enfants qui s'impatientent. Une fois n'est pas coutume, c'est moi qui suis en retard ! Je mets la dernière main au repas que nous partagerons ce soir tous ensemble. Au menu, notre plat national, un *mole poblano de pollo*, du poulet dans une sauce au cacao et aux épices. Cette recette, qui remonte au XVIe siècle, est un véritable délice ! J'ai prévu de la faire précéder d'une *sopa de aguacate*, une rafraîchissante soupe d'avocat. En dessert, je ferai la friandise préférée des enfants... mais également très appréciée des grands : des *churros*. Ce sont de simples beignets saupoudrés de sucre ; ça se mange sans faim !

Les rues sont animées, et tout le monde s'affaire encore, bien que les préparatifs aient commencé il y a plusieurs jours. Des jeunes décorent l'église d'une multitude de guirlandes lumineuses et de croix de fleurs multicolores, tandis qu'un peu plus loin, d'autres tentent d'accrocher une banderole de bienvenue au-dessus de la rue. Des enfants jouent un peu partout. La joie se lit sur leur visage. Sur la grande place, des vendeurs ambulants se sont installés sous leurs petits parasols... Luis Arturo a déjà repéré les mangues : sur les marchés mexicains, des vendeurs de mangues

épluchent puis découpent leurs fruits en forme de fleur avec une rapidité et une dextérité étonnantes, après les avoir plantés sur un petit bâton (comme les bâtons des eskimos de glace) ; pour les amateurs, ils y ajoutent ensuite un filet de jus de citron vert, une pincée de sel et une bonne pincée de piment en poudre... Le contraste entre la douceur du fruit et la saveur épicée est un vrai régal, qui brûle délicieusement les lèvres !

De son côté, Mercedes s'est plantée devant le vendeur de boissons ; elle hésite entre une *horchata* de coco, excellente boisson glacée à base de riz, d'amandes et de lait de coco, et une *agua de Jamaica*, à base de fleur d'hibiscus. Il faut dire que, par cette chaleur, ces délices glacés sont une véritable bénédiction. Je crois que je vais, moi aussi, me laisser tenter...

C'est un plaisir de déambuler dans la ville.

Le village, d'ordinaire déjà très vivant, semble s'être davantage encore empli de fleurs, de couleurs, de bruits. C'est une magnifique explosion de vie, qui offre un contraste saisissant avec le paysage calme et serein qui s'étend à l'horizon, et la montagne, imperturbable, qui se détache sur le ciel bleu. Le tout offre une vision vraiment idyllique !

Il est déjà 2 heures, et nous allons nous asseoir à la terrasse ombragée d'un petit restaurant familial, à l'écart de la place principale. Il fait bon se retrouver un peu au calme et, surtout, à l'abri du soleil. Pour déjeuner, nous préférons grignoter différentes petites choses plutôt que de déguster un plat complet : *guacamole et totopos* – ces fameux chips de maïs –, *enchiladas* de poulet et *burritos* accompagnés de *salsa fresca* font parfaitement l'affaire. Domingo a aperçu des amis et nous discutons un moment avec eux – de la pluie et de la saison agricole qui commence, bien sûr ! –, avant de reprendre notre promenade dans les rues animées du village.

Rien de tel qu'un bon rafraîchissement sous le soleil brûlant du Mexique !

Au coucher du soleil, nous nous rendons dans la *milpa* (le champ de maïs) de notre voisin, pour assister et participer à une cérémonie bien particulière : le jour de la Santa Cruz, les paysans invoquent les dieux de la Terre dans leurs champs, afin que ceux-ci fertilisent le sol et favorisent la croissance du maïs. C'est un moment fort que nous ne manquerions pour rien au monde, une sorte d'hommage rendu à la nature, notre mère nourricière. À la nuit tombée, un feu d'artifice illumine le ciel, pour notre plus grand plaisir.

Nous rentrons ensuite à la maison pour partager le dîner familial. Il est composé de spécialités traditionnelles, et tout le monde a plus ou moins participé à son élaboration, y compris les enfants, qui aiment éplucher les fruits et les légumes, mélanger les préparations et surveiller les temps de cuisson.

Le repas est vraiment un moment de fête, qui clôt merveilleusement cette journée !

Les 6 ustensiles de la cuisine mexicaine

Olla

La *olla* est une sorte de marmite arrondie à la base, mais plus haute et au col plus étroit qu'une *cazuela*. Elle ressemble un peu à une bombonne dodue. Les grands modèles sont généralement réservés à la cuisson des haricots. Les familles mexicaines en possèdent souvent plusieurs de tailles différentes.

Cazuela

Appelée aussi couramment *cazerola* ou *marmita*, la *cazuela* est une casserole à deux anses. On la pose directement sur le feu pour y faire mijoter les *frijoles* ou les *moles*. Traditionnellement en terre cuite et quelquefois en fonte, elle est aujourd'hui plus légère et plus maniable, en inox ou en aluminium, mais les modèles en terre cuite sont encore largement utilisés, par exemple au Yucatan. Le mot « *cazuela* » désigne aussi bien le récipient que son contenu.

Presse à tortilla

Aujourd'hui en aluminium et donc plus légères et plus petites, les presses à tortillas étaient autrefois fabriquées en bois ; massives et lourdes, elles étaient évidemment plus belles et permettaient de confectionner les meilleures tortillas. Toute famille mexicaine possède sa presse à tortilla, et dans les restaurants, une cuisinière est souvent exclusivement préposée aux tortillas. Aucune tortilla industrielle ne peut concurrencer une tortilla de maïs ou de blé artisanale fraîchement confectionnée... mais cela requiert une sacrée technique et un peu de temps...

Molcajete

C'est la version mexicaine du mortier. À la maison et dans tout bon restaurant mexicain, le *guacamole* est confectionné au dernier moment, devant les convives : les ingrédients sont écrasés dans le *molcajete* à l'aide du *telojote*. En pierre volcanique, le molcajete se décline en plusieurs tailles : du grand modèle pour faire le *guacamole* familial au plus petit pour piler épices, graines (de courge, notamment) et fruits secs. Aujourd'hui, on utilise de plus en plus le moulin à café électrique ou le mixeur pour écraser ou moudre, mais rien ne vaut un *guacamole* fait selon les règles de l'art, dans un *molcajete* traditionnel !

Comal

Le *comal* était déjà utilisé par les Aztèques. C'est une sorte de poêle ronde plate en fonte, munie d'un petit manche ; il est très lourd, mais malgré son poids, on l'utilise beaucoup : pour torréfier les piments, cuire les tortillas, confectionner les *fajitas* et les *quesadillas*. Il se pose directement sur le feu. Il existe aussi des *comales* creux au centre, utilisés pour faire frire les *antojitos*.

Chocolatière

Au Mexique, on consomme le chocolat chaud depuis des millénaires. Les Mayas et les Aztèques préparaient une boisson considérée comme divine, à base de fèves de cacao moulues, d'eau et de piments. Ils prêtaient à cette boisson très amère des vertus aphrodisiaques. Après la conquête espagnole, les nonnes ont ajouté du sucre dans le chocolat chaud, et cette boisson a alors fait le tour des cours européennes, puis du monde. Un bon chocolat se prépare avec du chocolat en tablette (et non du cacao en poudre), du lait ou de l'eau ; il est délicieux lorsqu'on le parfume avec de la vanille en gousse et... bien sûr une pincée de piment fort !

Les 6 ingrédients de la cuisine mexicaine

La coriandre

Cette herbe aromatique est très présente dans la cuisine mexicaine. Elle est employée fraîche dans de nombreux ragoûts, sauces, farces, salade. La cuisson altère sa saveur, aussi il vaut mieux l'ajouter au dernier moment dans les plats mijotés. Son odeur et son goût très particuliers ne sont pas appréciés de tous : souvent, on adore ou on déteste. Si vous n'êtes pas très amateur de coriandre, utilisez-la avec parcimonie, ou bien remplacez-la carrément dans les recettes par du persil et un peu de jus de citron vert.

Les piments

Que serait la cuisine mexicaine sans les piments, qu'on appelle ici *chiles* ? Le *chile* est surnommé « *el rey de la cocina mexicana* », « *le roi de la cuisine mexicaine* ». Il en existerait entre 100 et 200 variétés, de toutes les tailles, couleurs et formes, cultivées, cuisinées et consommées quotidiennement depuis la période préhispanique. Les civilisations maya et aztèque prêtaient déjà aux piments des vertus médicinales. Les piments peuvent se consommer frais ou secs ; ils ne sont pas tous piquants, et les plus petits sont toujours les plus brûlants. À côté des *chiles habaneros*, *jalapeños* et *serranos*, très forts, les *chiles anaheimes* et *poblanos* sont relativement doux et peuvent être farcis. On trouve aussi des *chiles* en purée, marinés ou en sauce (*en adobo*). Le *chile chipotle* est un *jalapeño* séché, souvent conservé dans une sauce tomate ; sa saveur un peu fumée est très particulière.

Le citron vert

Comme le citron jaune, le citron vert, ou lime, est un agrume. Il est plus petit que le citron jaune, sa peau vert foncé est plus fine, et sa pulpe juteuse est moins acide, plus parfumée, plus fruitée. Le jus de citron vert entre dans la composition de nombreux condiments et sauces, ainsi que dans des boissons comme la *margarita*. Il est également utilisé pour « cuire » le poisson (ou les fruits de mer) du *ceviche*.

Le maïs

La culture du maïs est très ancienne en Amérique du Nord et en Amérique centrale. En plus d'être le symbole du soleil et de la prospérité, le maïs constituait l'ingrédient de base de l'alimentation des civilisations préhispaniques. Les Olmecs, puis les Mayas et les Aztèques attendrissaient les grains de maïs dans de l'eau additionnée de citron vert ou de cendres avant de les moudre ; cette opération avait aussi pour effet d'augmenter la teneur en protéines du maïs, qui offrait ainsi un aliment de base nourrissant, d'autant qu'il était le plus souvent associé à des haricots. C'est le maïs doux, jaune, qui est le plus utilisé aujourd'hui en cuisine. Le maïs blanc, ou *hominy*, bouilli, se trouve en conserve ; il entre dans la composition du *pozole*, une soupe nourrissante. Les maïs rouges et bleus sont utilisés comme le maïs jaune pour la confection des tortillas.

L'avocat

L'avocat est un fruit, auquel les Aztèques prêtaient des vertus aphrodisiaques et stimulantes. Il en existe plusieurs variétés au Mexique. Le plus utilisé, et sûrement le meilleur, est l'avocat Hass : sous sa peau foncée et grumeleuse se cache une chair douce et riche, presque crémeuse, avec un petit goût de beurre et de noisette. L'avocat est consommé cru, en purée aromatisée (*guacamole*) ou en soupe froide. En tranches ou en dés, il entre dans la composition des sauces, des salades, des tacos. Sa chair vert pâle s'oxyde très vite : il faut l'arroser de jus de citron pour ne pas qu'elle noircisse. Pour choisir un avocat mûr à point, il faut presser délicatement le pouce sur l'extrémité la plus fine : elle doit être souple, mais pas molle.

Le fromage

Ce sont les Espagnols qui, en introduisant les vaches et les chèvres, ont modifié le régime alimentaire des civilisations précolombiennes, à l'origine à base de légumes et de fruits. La colonisation, les occupations diverses ont fait la part belle aux laitages, et si la présence des Français, au XIXe siècle, n'a duré que trois ans, elle a fortement marqué la cuisine mexicaine (et lui a laissé toute une variété de techniques culinaires, de pains et de pâtisseries). Il existe aujourd'hui un nombre impressionnant de fromages mexicains, frais ou secs ou entre les deux, fabriqués à partir de lait de chèvre ou de vache : *requeson, queso chihuahua, queso oaxaca, queso anejo, queso cotija, queso fresco*... Le Monterrey Jack fond très bien, mais on ne se le procure que sur place ; dans les recettes de cet ouvrage, il a été remplacé par du cheddar.

Maria

La mère

Si j'étais... une couleur,

je serais jaune, comme le maïs.

Si j'étais... une odeur,

je serais celle de la rose fraîchement cueillie
pour la préparation des cailles.

Si j'étais... une saveur,

je serais une mangue bien parfumée
sur laquelle on ajoute un filet de jus de citron vert
et une pincée de piment en poudre.

Si j'étais... un ustensile,

je serais une *cazuela*, je m'en sers tous les jours.

Si j'étais... un souvenir gourmand,

je serais des *churros*, que ma mère me préparait
et que je fais aujourd'hui pour mes enfants.

Si j'étais... un péché mignon,

je serais une glace à la noix de coco.

Le mélange crabe-cumin peut paraître étrange, mais ici tout le monde en raffole !

Nachos au crabe et au fromage fondu

nachos con queso

Préparation : 20 minutes Cuisson : 8 minutes Pour 4 personnes

8 tortillas de maïs
250 g de chair de crabe
250 g de cheddar râpé
20 cl de crème
1/2 cuill. à café de graines de cumin
3 piments jalapeños
huile de friture
sel

Pour la sauce au piment chipotle
3 piments chipotles
1 gousse d'ail
2 tomates
sel

- Préparez la sauce. Faites rôtir les tomates et la gousse d'ail non pelée à sec dans une grande poêle pendant 4 à 5 minutes, jusqu'à ce que la peau commence à noircir. Pelez l'ail et les tomates. Mettez les tomates, l'ail et les piments dans le bol d'un mixeur et actionnez 10 secondes. La sauce doit rester assez épaisse, avec des morceaux. Salez.
- Préparez les nachos. Faites chauffer l'huile de friture dans une grande casserole. Coupez les tortillas en 8 parts, puis plongez-les dans l'huile chaude jusqu'à ce qu'elles soient dorées. Réservez sur du papier absorbant.
- Préchauffez le four à 270 °C (th. 9). Faites torréfier les graines de cumin à sec dans une poêle antiadhésive pendant 2 minutes, puis pilez-les.
- Mélangez la chair de crabe, la crème et le cumin. Salez. Placez 1 cuillerée de ce mélange sur chaque nacho et recouvrez de fromage râpé. Disposez les nachos au fur et à mesure sur une plaque à four recouverte de papier sulfurisé, puis enfournez à peine 1 minute, juste le temps de faire fondre le fromage. Décorez avec les piments émincés. Servez avec la sauce au piment chipotle.

Je les aime bien, car ça change des traditionnelles tortillas de maïs et de blé !

Galettes de bananes plantains frites, sauce à l'avocat

platanos fritos con salsa de aguacate

Préparation : 45 minutes Cuisson : 10 minutes Pour 4 personnes

2 bananes plantains
huile de friture
sel

Pour la sauce à l'avocat

1 avocat
le jus de 1/2 citron vert
1/2 oignon épluché et haché
2 petites tomates vertes coupées en quatre
1 petit piment vert haché
quelques brins de coriandre
1 pincée de sucre
sel

- Préparez la sauce. Réunissez les tomates, l'oignon, les feuilles de coriandre, le sucre et le piment dans le bol d'un mixeur et actionnez 20 secondes environ, jusqu'à l'obtention d'une purée grumeleuse.
- Coupez l'avocat en deux, retirez le noyau et récupérez la chair. Arrosez de jus de citron vert. Écrasez-le grossièrement à la fourchette et mélangez-le à la préparation précédente. Salez légèrement. Réservez au frais.
- Faites chauffer l'huile de friture. Épluchez les bananes et coupez-les en rondelles épaisses de 4 à 5 cm environ. Plongez-les 1 à 2 minutes dans l'huile chaude (elles doivent être à peine dorées) et réservez-les au fur et à mesure sur du papier absorbant. Baissez le feu.
- Étalez une feuille de film plastique sur le plan de travail et placez-y une rondelle de banane plantain. Recouvrez d'une deuxième feuille de film et aplatissez avec la paume de la main, puis pressez à l'aide d'un moule ou d'une assiette pour obtenir une galette fine (tostada). Préparez de la même manière toutes les tostadas.
- Plongez les tostadas une à une dans l'huile chaude, jusqu'à ce qu'elles soient bien dorées. Réservez-les sur du papier absorbant et salez-les au fur et à mesure. Servez chaud, avec la sauce.

Galettes de maïs et salsa fresca

tostadas de maiz con salsa fresca

Préparation : 30 minutes
Cuisson : 10 minutes
Repos : 20 minutes
Pour 4 personnes

Pour les galettes

100 g (1/2 tasse) de farine de maïs
100 g (1/2 tasse) de farine de blé
2 œufs
20 cl de lait
20 g de beurre fondu
400 g de grains de maïs en boîte ou surgelés ou 3 épis de maïs frais égrenés
quelques feuilles de coriandre hachées
1 petit piment vert finement émincé
sel
huile d'arachide ou de tournesol

Pour la salsa fresca

300 g de tomates mûres
1 oignon blanc épluché et haché
2 cuill. à soupe de coriandre hachée
1 petit piment vert serrano finement émincé
1 cuill. à soupe de jus de citron vert
sel

Une autre variante de galettes, nourrissantes et idéales pour un en-cas.

- Préparez la pâte des galettes. Réunissez la farine de maïs, la farine de blé, les œufs, le lait, le beurre fondu et une pincée de sel dans un saladier et mélangez au fouet. Ajoutez les grains de maïs. Incorporez la coriandre et le piment. Laissez reposer 20 minutes.
- Pendant ce temps, préparez la salsa fresca. Coupez les tomates en quatre et mixez-les grossièrement. Réunissez tous les ingrédients dans un bol et mélangez. Salez et mélangez de nouveau. Couvrez et réservez au frais.
- Faites chauffer 2 cuillerées à soupe d'huile dans une grande poêle sur feu moyen. Versez dans la poêle 3 ou 4 cuillerées à soupe de préparation au maïs, en les espaçant suffisamment pour que les tostadas ne collent pas entre elles. Faites cuire 1 à 2 minutes de chaque côté, jusqu'à ce que des bulles apparaissent à la surface. Réservez au chaud pendant que vous faites cuire les autres tostadas. Servez avec la salsa fresca.

Simple, fruitée et pimentée, c'est une salade légère et rafraîchissante, que je prépare lorsqu'il fait particulièrement chaud.

Salade d'oranges et de pousses d'épinards

ensalada de naranja y espinaca

Préparation : 15 minutes Pour 4 personnes

4 petites oranges Navel
1 oignon rouge
1 bonne poignée de pousses d'épinards
1 gros avocat
1 piment arbol

Pour la vinaigrette
le jus de 1 citron vert
2 cuill. à soupe d'huile de tournesol
2 cuill. à soupe d'huile d'olive
2 cuill. à soupe de vinaigre de cidre
1 cuill. à café de miel
1 gousse d'ail épluchée et hachée
1 pincée de clou de girofle moulu
1 cuill. à soupe de persil plat haché
1 cuill. à soupe de coriandre hachée
sel

- Rincez et essuyez soigneusement les pousses d'épinards. Pelez les oranges à vif et détachez les quartiers. Épluchez et émincez l'oignon rouge. Émincez finement le piment. Réunissez ces ingrédients dans un grand saladier.
- Épluchez l'ail, retirez son germe et hachez-le grossièrement. Réunissez tous les ingrédients de la vinaigrette dans le bol d'un mixeur et actionnez jusqu'à l'obtention d'un mélange lisse et onctueux. Versez sur la salade et mélangez très délicatement.
- Dénoyautez l'avocat, épluchez-le et détaillez-le en lamelles ; ajoutez-le dans le saladier et servez sans attendre.

Dans la recette traditionnelle, le poisson est frit, mais moi, je préfère le pocher au lait de coco.

Tacos à la daurade, coleslaw au piment chipotle, sauce au concombre

tacos de besugo

Préparation : 30 minutes Repos 15 minutes Pour 4 personnes

600 g de daurade sans peau
40 cl de lait de coco
le jus de 1/2 citron vert
sel

Pour le coleslaw
1/2 chou blanc émincé
2 piments chipotles émincés
2 oignons blancs émincés
1 cuill. à soupe de jus de citron vert
1 cuill. à soupe de miel
sel

Pour la sauce au concombre
1 concombre épluché, épépiné et coupé en morceaux
1 piment jalapeño, épépiné et émincé
3 cuill. à soupe de coriandre fraîche
1 pincée de sucre
1 pincée de sel

Pour servir
8 tortillas de maïs
3 cuill. à soupe d'huile d'arachide ou de tournesol
2 citrons verts coupés en quartiers

- Préparez la sauce. Réunissez le concombre, le piment jalapeño, la coriandre, le sucre et le sel dans le bol d'un mixeur et actionnez jusqu'à obtention d'une purée grossière et grumeleuse. Réservez au frais.
- Préparez le poisson. Portez à ébullition le lait de coco avec le jus de citron et du sel dans une sauteuse. Plongez-y les morceaux de daurade, réduisez le feu au minimum et faites pocher pendant 10 à 15 minutes. Coupez le feu. Retirez le poisson à l'aide d'une écumoire, laissez-le refroidir dans un plat, puis coupez-le en lamelles et remettez celles-ci dans le lait de coco.
- Préparez le coleslaw. Mélangez le jus de citron et le miel dans un grand bol. Salez. Ajoutez le chou, les piments et les oignons. Mélangez bien.
- Chauffez l'huile dans une poêle et faites-y frire les tortillas une à une. Posez-les sur du papier absorbant.
- Pour servir, placez un peu de poisson au centre de chaque tortilla, recouvrez de coleslaw et rabattez les côtés sur la farce. Servez les tacos accompagnés de sauce au concombre et de quartiers de citron vert.

Cette soupe est des plus rafraîchissantes. Elles est idéale lorsqu'il fait très chaud.

Soupe d'avocat

sopa de aguacate

Préparation : 25 minutes Repos 1 heure Pour 4 personnes

75 cl de bouillon de légumes
3 gros avocats bien mûrs
le jus de 4 citrons verts
1 petit oignon blanc émincé
1 petite gousse d'ail épluchée et hachée
20 cl de crème fraîche
1 bouquet de coriandre fraîche haché
20 g de pousses d'épinards
1 piment vert serrano émincé finement
sel

Pour la sauce
2 tomates épépinées et détaillées en petits dés
1/4 oignon pelé et haché
1 petit piment rouge finement émincé
quelques brins de coriandre
1 cuill. à café de jus de citron vert
sel

Pour servir
2 tortillas de maïs fines
quelques brins de coriandre
huile de friture
sel

- Portez le bouillon à ébullition sur feu vif et laissez réduire pendant 5 minutes.
- Coupez les avocats en deux, ôtez le noyau, récupérez la chair et placez-la dans le bol d'un mixeur. Arrosez-la de jus de citron au fur et à mesure, afin de l'empêcher de noircir. Ajoutez la coriandre, l'oignon, l'ail, les pousses d'épinards, le piment, le bouillon de volaille et la crème fraîche. Mixez jusqu'à obtention d'une texture homogène et crémeuse. Salez. Couvrez et placez au moins 1 heure au frais avant de servir.
- Pendant ce temps, préparez la sauce. Réunissez tous les ingrédients dans un bol, salez et mélangez.
- Faites chauffer un peu d'huile dans une casserole. Découpez les tortillas en 6 ou 8 parts triangulaires chacune, puis faites-les frire dans l'huile chaude jusqu'à ce qu'elles soient dorées. Égouttez et saupoudrez de sel.
- Servez la soupe dans des bols individuels avec les tortillas, la sauce et un peu de coriandre hachée.

Les sauces mexicaines sont très riches et relevées... Elles se marient très bien avec les légumes, que je choisis selon la saison.

Mole de bœuf aux légumes

mole de res con verduras

Préparation : 40 minutes Cuisson : 1 h 45 Pour 4 personnes

800 g de bœuf en cubes
250 g de pommes de terre nouvelles
150 g d'épinards frais
3 piments arboles épépinés
2 piments anchos épépinés
75 g d'amandes émondées
2 gousses d'ail épluchées
1/2 cuill. à café de cumin en poudre
1 pincée de clou de girofle moulu
sel

- Placez les cubes de bœuf dans une cocotte et recouvrez d'eau. Salez et portez à ébullition. Faites cuire à petits bouillons de 50 minutes à 1 heure : la viande doit être tendre. Égouttez et réservez le liquide de cuisson.
- Faites torréfier les piments, les amandes et l'ail à sec dans une poêle antiadhésive pendant 1 à 2 minutes. Retirez les amandes et l'ail. Versez 50 cl d'eau sur les piments, portez à ébullition, puis éteignez le feu. Laissez les piments tremper pendant 20 minutes.
- Placez les piments, l'ail, les amandes, le cumin et le clou de girofle dans le bol d'un mixeur et actionnez jusqu'à obtenir une pâte épaisse. Ajoutez un peu de liquide de cuisson si la pâte est trop épaisse.
- Épluchez les pommes de terre et coupez-les en deux. Équeutez, lavez et essorez les épinards.
- Remettez les cubes de bœuf dans une cocotte, recouvrez de 50 cl d'eau. Ajoutez la pâte au piment et les pommes de terre. Couvrez et faites cuire 20 à 25 minutes sur feu moyen, jusqu'à ce que les pommes de terre soient tendres et la sauce réduite. Ajoutez les épinards et poursuivez la cuisson pendant 3 à 4 minutes.

Burritos à l'agneau et au chorizo

burritos de cordero

Préparation : 30 minutes Cuisson : 35 minutes Pour 4 personnes

450 g d'épaule d'agneau en petits cubes
100 g de lardons
150 g de chorizo
1 gros oignon épluché et haché
1 petit poivron rouge épépiné et coupé en dés
2 tomates
2 gousses d'ail
20 g de beurre
1 piment serrano haché
1 cœur de laitue
4 tortillas de blé
sauce verte (voir page 91)
sel

- Faites rôtir les tomates à sec avec les gousses d'ail non pelées pendant 4 à 5 minutes, jusqu'à ce que la peau commence à noircir. Pelez l'ail et les tomates.
- Faites revenir les lardons et le chorizo dans une poêle sur feu moyen pendant 5 minutes. Ajoutez l'oignon et le poivron rouge, faites dorer pendant 8 à 10 minutes sur feu doux. Ajoutez les tomates et l'ail, et poursuivez la cuisson pendant 7 minutes.
- Chauffez le beurre dans une poêle. Dès qu'il commence à mousser, ajoutez les cubes d'agneau et faites-les dorer pendant 5 minutes, puis ajoutez-les à la préparation précédente. Salez, ajoutez le piment serrano et mélangez bien.
- Hachez la laitue. Chauffez une grande poêle sur feu moyen à vif. Faites-y réchauffer les tortillas une à une, 30 secondes de chaque côté, et transférez-les au fur et à mesure sur une assiette. Répartissez la préparation au centre des tortillas et repliez les côtés sur la viande. Décorez avec un peu de laitue et servez avec la sauce.

Les lardons sont facultatifs ; en revanche, l'association de la saveur de l'agneau et de celle du chorizo est délicieuse.

C'est une version raffinée du fameux ceviche. Je la prépare volontiers lorsque j'ai des invités.

Ceviche de crevettes et noix de pétoncle

ceviche de camarones y callo de hacha

Préparation : 20 minutes Pour 4 personnes

200 g de grosses crevettes crues
200 g noix de pétoncles crues
2 cuill. à soupe de jus de citron jaune
2 cuill. à soupe de jus d'orange
2 cuill. à soupe de jus de citron vert
1 cuill. à soupe de zeste de citron vert
1 oignon rouge épluché et haché
2 oignons nouveaux émincés
1 gousse d'ail épluchée et hachée
1 tomate bien mûre épépinée et coupée en petits dés
1 piment serrano finement émincé
3 cuill. à soupe de coriandre hachée
3 cuill. à soupe d'huile d'olive
sel

- Décortiquez les crevettes, enlevez leur veine noire et coupez-les en deux dans la longueur. Mettez-les dans un plat creux. Coupez les noix de pétoncle en deux dans l'épaisseur. Ajoutez-les dans le plat. Arrosez avec les jus de citron jaune, de citron vert et d'orange. Ajoutez le zeste de citron vert, mélangez délicatement et laissez mariner 15 à 20 minutes à température ambiante.
- Égouttez les crevettes et les noix de pétoncle. Mélangez-les avec la tomate, les oignons, l'ail, la coriandre, le piment et l'huile d'olive. Salez et mélangez délicatement. Servez dans des verres ou des coupelles transparentes.

Ce plat relevé fait l'unanimité dans toute la famille. Je le prépare très souvent.

Lasagne de tortillas fraîches au piment poblano

torta azteca

Préparation : 25 minutes Cuisson : 45 minutes Pour 4 personnes

1 blanc de poulet
500 g de tomates
1 oignon blanc épluché et haché
1 oignon nouveau émincé
2 gousses d'ail
1 cuill. à café de cumin moulu
2 piments chipotles
1 cuill. à café d'huile de tournesol
20 g de beurre
1 paquet de chips de tortillas de maïs nature
15 cl de crème aigre
70 g de cheddar ou de mozzarelle
sel

- Faites rôtir les tomates à sec dans une poêle avec les gousses d'ail non pelées pendant 4 à 5 minutes, jusqu'à ce que la peau commence à noircir. Pelez l'ail et les tomates.
- Placez le blanc de poulet dans une sauteuse, salez, recouvrez d'eau et portez à ébullition. Baissez le feu, couvrez et laissez cuire pendant 20 minutes. Retirez le poulet et effilochez la chair.
- Réunissez l'ail, l'oignon blanc, l'oignon nouveau, les tomates et les piments chipotles dans le bol d'un mixeur. Réduisez en purée.
- Faites chauffer l'huile dans une poêle et mettez-y le cumin à revenir pendant 3 secondes. Ajoutez le mélange aux tomates et faites cuire pendant 3 minutes. Salez.
- Préchauffez le four à 180 °C (th. 6). Beurrez un plat à gratin. Répartissez un tiers des chips de tortillas au fond du plat. Recouvrez de poulet effiloché, de crème, de sauce tomate et de fromage. Renouvelez l'opération deux fois et finissez par une couche de fromage. Faites gratiner au four 20 minutes environ.

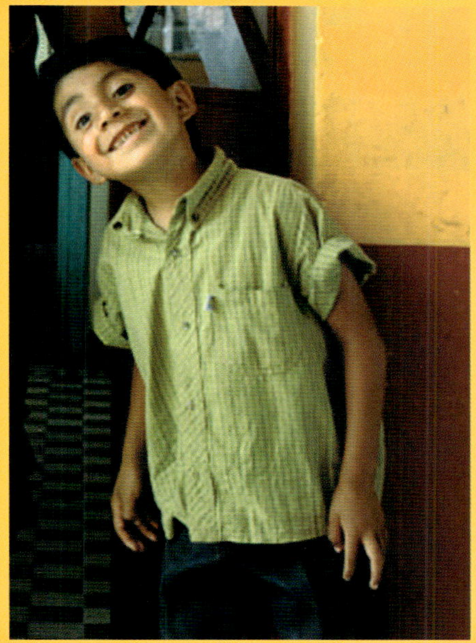

Ici, le porc n'est pas mijoté dans le mole. Il est important que la viande soit bien moelleuse et tendre, presque confite.

Tortillas frites au porc et mole verde

picadas de puerco con mole verde

Préparation : 45 minutes Cuisson : 1 h 20 Pour 4 personnes

800 g de filet de porc avec os ou de travers de porc
3 cuill. à soupe d'huile d'olive
1 cuill. à café d'origan séché
2 gousses d'ail
sel

Pour le mole verde

150 g de graines de courge nature
20 g de cacahuètes grillées
2 petites tomates vertes
2 cuill. à soupe de coriandre hachée
1 piment serrano ou jalapeño émincé
30 cl de bouillon de volaille

Pour servir

12 tortillas de maïs fines
huile de friture
80 g de feta ou fromage frais de chèvre

- Préchauffez le four à 180 °C (th. 6). Placez la viande dans un plat à rôtir avec les gousses d'ail épluchées et coupées en deux, salez, saupoudrez d'origan et arrosez d'huile d'olive. Enfournez et faites cuire 1 heure.
- Baissez la température à 150 °C et poursuivez la cuisson pendant 1 heure, jusqu'à ce que la viande soit très tendre et se détache des os. Laissez refroidir à température ambiante pendant 10 minutes, puis détachez la viande des os à l'aide de deux fourchettes.
- Faites chauffer l'huile de friture dans une grande sauteuse. Découpez des disques de 12 cm de diamètre dans les tortillas. Plongez-les 1 minute dans l'huile chaude, en relevant leur bord pour former de petites coupelles. Égouttez-les sur du papier absorbant.
- Faites griller les graines de courge à sec dans une poêle antiadhésive. Laissez refroidir quelques instants, transférez dans un moulin à café, ajoutez les cacahuètes, puis réduisez en poudre.
- Placez les tomates coupées en quatre, la coriandre et le piment dans le bol d'un mixeur. Mixez en ajoutant le bouillon de volaille petit à petit, jusqu'à l'obtention d'un coulis.
- Versez le coulis et la poudre de graines de courge dans une poêle et faites cuire pendant 10 minutes, jusqu'à ce que la sauce soit onctueuse.
- Pour servir, déposez un peu de viande effilochée dans les coupelles de tortilla, recouvrez de sauce. Répartissez le fromage émietté.

J'ajoute quelquefois du jus et du zeste d'orange sur les mangues, que je flambe au rhum ou à la tequila dès la sortie du four.

Mangues rôties à la glace coco

mangos al horno con nieve de coco

Préparation : 25 minutes Cuisson : 20 minutes Congélation : 3 heures Pour 4 personnes

3 mangues mûres mais fermes
3 cuill. à soupe de cassonade
40 g de beurre
le jus et le zeste de 1 citron vert non traité

Pour la glace coco

1 l de lait de coco
200 g de sucre
1 cuill. à soupe de rhum ou de Malibu

- Préparez la glace. Portez le lait de coco et le sucre à ébullition dans une casserole. Retirez du feu et ajoutez le rhum ou le Malibu. Versez dans un plat et laissez refroidir à température ambiante, puis placez au congélateur. Remuez avec une fourchette en grattant bien les bords toutes les 30 minutes. Vous pouvez aussi turbiner dans une machine à glace pour obtenir une texture plus crémeuse.
- Préchauffez le four à 200 °C (th. 7). Beurrez un moule à gratin. Pelez les mangues à vif, détachez la chair de chaque côté du noyau, puis détaillez-la en lamelles. Rangez-les dans le plat à gratin. Arrosez du jus de citron vert. Saupoudrez de sucre roux, parsemez de zeste râpé et d'une noix de beurre. Faites cuire 15 minutes. Servez avec la glace coco.

Ma fille adore le flan coco, mais moi je préfère celui-ci, au café.

Flan de café

flan de café

Préparation : 30 minutes   Cuisson : 45 minutes   Réfrigération : 3 heures   Pour 4 personnes

1 l de lait
225 g de sucre
3 œufs entiers
2 jaunes d'œufs
1 cuill. à café d'extrait de café
2 cuill. à soupe de Kalhua
ou autre liqueur de café
1 gousse de vanille

- Préchauffez le four à 180 °C (th. 6). Portez le lait à ébullition avec la gousse de vanille fendue en deux dans la longueur. Retirez du feu et laissez infuser.
- Fouettez les œufs entiers, les jaunes d'œufs et 150 g de sucre dans un grand bol, jusqu'à ce que le mélange blanchisse. Versez le lait chaud en continuant de remuer. Ajoutez l'extrait et la liqueur de café.
- Portez à ébullition le reste du sucre (75 g) avec 15 cl d'eau. Laissez frémir sans remuer pendant 10 à 15 minutes, jusqu'à ce que le sirop prenne une belle couleur ambrée. Versez immédiatement au fond d'un moule à charlotte ou à manqué.
- Versez le mélange aux œufs dans le moule en le filtrant. Placez le moule dans un grand plat, enfournez et ajoutez de l'eau chaude autour du moule jusqu'aux trois quarts de la hauteur du plat. Faites cuire dans ce bain-marie pendant 45 minutes.
- Retirez du four et laissez refroidir le flan dans le bain-marie à température ambiante. Placez ensuite au frais pendant 3 heures au minimum. Pour démouler, glissez la lame d'un couteau le long du bord du moule, puis renversez sur une assiette.

Figues rôties au chèvre

higos al horno

Préparation : 15 minutes Cuisson : 15 minutes Pour 4 personnes

12 figues mûres
2 cuill. à soupe de jus d'orange
50 g de sucre roux
40 g de cerneaux de noix de pécan
50 g de beurre
100 g de fromage de chèvre frais

- Préchauffez le four à 180 °C (th. 6). Hachez grossièrement les noix de pécan. Beurrez un petit plat à gratin rectangulaire de 20 x 15 cm environ.
- Nettoyez les figues délicatement. Entaillez-les en croix au niveau du pédoncule, puis rangez-les dans le plat à gratin. Arrosez de jus d'orange, puis saupoudrez de sucre et des noix de pécan hachées. Placez une noix de beurre sur chaque figue. Enfournez et faites cuire 10 à 15 minutes.
- Garnissez le cœur de chaque figue de fromage de chèvre et faites gratiner 3 minutes sous le gril du four. Servez chaud ou tiède, arrosé du sirop de cuisson.

Je prépare aussi ces figues sans fromage de chèvre ; je les saupoudre alors d'un peu de zeste d'orange râpé avant de les faire cuire.

Les enfants adorent cette friandise et en redemandent. Préparez-en une bonne quantité.

Churros

churros

Préparation : 10 minutes Cuisson : 10 minutes Pour 4 personnes

250 ml de farine
75g de sucre en poudre
ou de sucre glace
12,5 cl d'huile de tournesol
ou 125 g de beurre
1 pincée de sel
huile de friture

- Faites chauffer l'huile de friture dans une grande casserole à fond épais.
- Faites chauffer 25 cl d'eau, la matière grasse et le sel dans une casserole sur feu doux. Quand il est chaud, retirez du feu et ajoutez la farine d'un seul coup. Mélangez énergiquement avec une cuillère en bois, jusqu'à ce que la pâte forme une boule élastique qui se décolle facilement des parois de la casserole. Laissez tiédir quelques instants, puis transférez la pâte dans une poche à douille cannelée.
- Formez des churros de 15 cm de long environ en pressant sur la poche à douille et laissez-les tomber dans l'huile chaude. Faites-les dorer 1 à 2 minutes, puis égouttez-les et posez-les sur du papier absorbant. Saupoudrez de sucre et servez.

Clorets

Domingo

Le père

Si j'étais... une couleur,

je serais vert comme le citron ou plutôt comme un champ c'agaves.

Si j'étais... une odeur,

je serais celle des tortillas de maïs juste sorties du four.

Si j'étais... une saveur,

je serais celle, à la fois fruitée et acide, du citron vert.

Si j'étais... un ustensile,

je serais un comal pour faire rôtir les piments.

Si j'étais... un souvenir gourmand,

je serais une Margarita, avec du sel sur le bord du verre.

Si j'étais... un péché mignon,

je serais une tortilla croustillante trempée dans une sauce épicée.

La pâte à empanadas est traditionnellement préparée avec de la farine de blé, mais ma grand-mère utilisait de la farine de maïs, et l'habitude est restée dans la famille. On peut aussi utiliser une pâte brisée classique, achetée toute prête.

Empanadas de maïs au fromage, aux champignons et aux amandes

empanadas de maiz con queso, huitlacoche y almendras

Préparation : 45 minutes Cuisson : 30 minutes Repos : 2 heures Pour 4 personnes

150 g de manchego ou de cheddar râpé

Pour la pâte
300 g de farine de maïs ou de farine de blé
2 œufs et 1 jaune
20 à 30 cl d'eau
sel

Pour la farce
250 g de champignons huitlacoche en conserve ou de champignons des bois
40 g de beurre
1/2 oignon rouge épluché et émincé
2 gousses d'ail épluchées et émincées
1/2 cuill. à café de thym
1 cuill. à soupe de persil haché
1 pincée de noix muscade râpée
sel, poivre du moulin

- Préparez la pâte. Mélangez la farine de maïs, une grosse pincée de sel et 20 cl d'eau et pétrissez jusqu'à obtention d'une pâte souple. Ajoutez les œufs entiers et pétrissez bien pendant 5 minutes. Ajoutez de l'eau si la pâte est trop sèche. Formez des boules de pâte de la taille d'une grosse noix, couvrez et laissez reposer 1 heure au minimum au frais.
- Préparez la farce. Chauffez le beurre dans une grande poêle. Faites-y revenir l'oignon, l'ail et le thym pendant 3 minutes. Ajoutez les champignons et poursuivez la cuisson pendant 5 minutes, en mélangeant de temps en temps, jusqu'à ce que le liquide soit évaporé. Salez, poivrez, ajoutez la muscade et le persil, puis réservez.
- Préchauffez le four à 210 °C (th. 7). Étalez les boules de pâtes en disques de 12 cm de diamètre. Placez 1 cuillerée à soupe de farce au milieu de chaque disque de pâte, saupoudrez de fromage et repliez la pâte sur la farce, en pressant les bords pour bien les souder.
- Rangez les empanadas au fur et à mesure sur une plaque de cuisson recouverte de papier sulfurisé. Piquez le dessus à l'aide d'une fourchette et dorez avec le jaune d'œuf additionné de 1 cuillerée à café d'eau. Faites cuire 15 à 20 minutes, jusqu'à ce que les empanadas soient bien dorés.

Les piments chipotles apportent une touche fumée particulière, mais on peut éventuellement les supprimer.

Côtes de porc marinées grillées

tablas al carbon

Préparation : 15 minutes Cuisson : 1 heure Marinade : 2 heures Pour 4 personnes

1 kg de côtes de porc
sel

Pour la marinade
2 piments chipotles hachés
1/2 cuill. à café de poudre de piment fort
50 cl de bière mexicaine
2 tomates
2 cuill. à soupe de sucre roux
le zeste râpé et le jus de 1 citron vert
4 gousses d'ail épluchées et émincées

- Réunissez tous les ingrédients de la marinade dans le bol d'un mixeur et réduisez en purée. Versez dans un plat creux, ajoutez les côtes de porc, enrobez-les de marinade et laissez-les macérer au frais pendant 2 heures au minimum.
- Préchauffez le gril du four ou préparez le barbecue. Égouttez les côtes de porc (réservez la marinade) et faites-les griller pendant 45 minutes environ, jusqu'à ce qu'elles deviennent croustillantes à l'extérieur. Salez en fin de cuisson.
- Pendant ce temps, portez la marinade à ébullition, puis laissez-la réduire sur feu doux pendant 10 à 15 minutes, jusqu'à ce qu'elle commence à épaissir. Servez les côtes de porc accompagnées de cette sauce et de tortillas et/ou de riz blanc.

Quesadillas au fromage

quesadillas de queso

Préparation : 10 minutes Cuisson : 20 minutes Pour 4 personnes

8 tortillas de blé
300 g de cheddar râpé
2 tomates épépinées et coupées en petits morceaux
2 cuill. à soupe d'huile d'olive
guacamole (voir page 74)
sauce au piment chipotle (voir page 20)

- Faites chauffer un comal ou une poêle en fonte sur feu moyen à vif avec un peu d'huile d'olive. Placez une tortilla au centre. Saupoudrez de fromage râpé, couvrez de tomates et nappez d'un peu de sauce au piment chipotle. Recouvrez d'une autre tortilla.
- Faites cuire 5 à 6 minutes de chaque côté, jusqu'à ce que la tortilla soit croustillante et que le fromage soit fondu.
- Servez immédiatement les quesadillas, avec le reste de la sauce au piment chipotle et le guacamole.

Simplissime !!! J'adore les quesadillas avec du guacamole et de la sauce au piment chipotle, mais on peut les manger avec toutes les sauces.

Comme le rhum, la tequila s'utilise aussi en cuisine. C'est à réserver aux grandes personnes, mais quel délice !

Gambas à la tequila et à l'orange

camarones con tequila y naranja

Préparation : 20 minutes Cuisson : 6 minutes Pour 4 personnes

600 g de grosses crevettes crues décortiquées
3 cuill. à soupe d'huile d'olive
30 g de beurre
2 gousses d'ail épluchées et émincées
1 piment jalapeño épépiné et finement émincé
le jus de 1 orange
1 orange pelée à vif et coupée en quartiers
10 cl de tequila
3 cuill. à soupe de coriandre hachée
sel

- Enlevez la veine noire des crevettes. Faites chauffer l'huile et le beurre dans une grande poêle. Lorsque le beurre commence à mousser, faites-y revenir les crevettes, l'ail et le piment pendant 3 à 4 minutes en remuant constamment, jusqu'à ce que les crevettes deviennent roses.
- Versez le jus d'orange et la tequila. Salez et poursuivez la cuisson pendant 2 à 3 minutes, jusqu'à ce que la sauce épaississe. Retirez du feu et ajoutez la coriandre. Servez sans attendre, avec les quartiers d'orange.

Une viande grillée bien parfumée, qu'y a-t-il de meilleur ? Laissez mariner 1 heure au minimum, pour permettre aux différentes saveurs de bien imprégner la viande.

Bœuf grillé et riz au citron vert

alambre a la mexicana

Préparation : 30 minutes Cuisson : 30 minutes Marinade : 1 heure Pour 4 personnes

800 g de filet de bœuf coupé en cubes
1 petit oignon rouge épluché et haché
6 piments serranos
24 tomates-cerises
200 g de chorizo coupé en rondelles
1 cuill. à soupe d'huile

Pour la marinade

2 gousses d'ail pelées et écrasées
2 cuill. à soupe d'huile d'olive
2 cuill. à café de jus de citron vert
1 cuill. à café de sauce Worcestershire
1 cuill. à café d'origan frais haché
sel, poivre du moulin

Pour le riz

200 g de riz blanc long grain
1 cuill. à soupe d'huile d'olive
1 l de bouillon de volaille
2 gousses d'ail épluchées et hachées
le jus et le zeste râpé de 2 citrons verts
4 cuill. à soupe de coriandre fraîche hachée
sel

- Réunissez tous les ingrédients de la marinade dans le bol d'un mixeur et réduisez en purée. Salez et poivrez. Versez dans un plat creux, ajoutez les cubes de bœuf, enrobez-les de marinade et laissez-les macérer 1 heure au minimum au frais.
- Préparez le riz. Faites chauffer le bouillon de volaille dans une casserole. Chauffez l'huile d'olive dans une cocotte, ajoutez l'ail et faites-le revenir doucement pendant 1 à 2 minutes ; il ne doit pas brûler. Ajoutez le riz et laissez-le s'imprégner de gras pendant 2 minutes, en remuant constamment. Ajoutez le bouillon, le jus et le zeste de citron vert. Couvrez et laissez cuire sur feu doux pendant 10 à 15 minutes, jusqu'à ce que tout le liquide de cuisson soit absorbé. Goûtez et rectifiez l'assaisonnement en sel. Retirez du feu et aérez 5 minutes à l'aide d'une fourchette, pour bien détacher les grains de riz. Ajoutez la coriandre hachée et mélangez.
- Émincez les piments. Faites chauffer l'huile dans un comal ou une poêle en fonte à fond épais, faites-y griller les cubes de bœuf, les rondelles de chorizo, l'oignon, les tomates-cerises coupées en deux et les piments émincés en remuant constamment pendant 10 minutes. Servez avec le riz et la sauce au piment chipotle.

Lorsque je suis affamé, j'adore manger ces légumes marinés : c'est très nourrissant, notamment grâce aux haricots frits. On peut préparer les légumes à l'avance et assembler au dernier moment les tostadas pour les passer au four.

Tostadas aux légumes marinés et au fromage frais

tostadas con verduras en pimentajo y queso fresco

Préparation : 45 minutes Cuisson : 10 minutes Pour 4 personnes

250 g de courgettes coupées en fins bâtonnets
300 g de champignons
200 g de haricots verts équeutés et coupés en deux
200 g de carottes, épluchées et coupées en fins bâtonnets
300 g de haricots frits (voir page 68)
8 petites tortillas de maïs
250 g de feta ou de fromage de chèvre frais
sel

Pour la sauce
5 piments guajillos
2 gousses d'ail pelées
1 pincée de clou de girofle en poudre
1 pincée de cannelle en poudre
1 cuill. à café de sucre roux

- Préparez la sauce. Torréfiez les piments 1 à 2 minutes dans une poêle sur feu vif. Retirez du feu, ôtez les graines et les membranes. Faites tremper dans de l'eau chaude pendant 20 minutes. Égouttez et placez dans le bol d'un mixeur avec l'ail, le clou de girofle en poudre, la cannelle et le sucre roux. Ajoutez un peu d'eau de trempage des piments et réduisez en purée fine.
- Préchauffez le four à 210 °C (th. 7). Faites cuire les courgettes, les champignons, les haricots verts et les carottes à la vapeur pendant 3 à 4 minutes. Les légumes doivent rester croquants.
- Garnissez les tortillas de haricots frits et de légumes. Salez. Répartissez le fromage émietté et passez au four pendant 5 minutes pour faire fondre le fromage ; servez immédiatement.

Ce dessert est traditionnellement préparé avec des bananes plantains, mais les bananes jaunes ordinaires sont bien adaptées aussi.

Bananes au four

platanos al horno

Préparation : 20 minutes Cuisson : 18 minutes Réfrigération : 1 heure Pour 4 personnes

4 bananes jaunes ou 3 bananes plantains
2 cuill. à soupe de sucre roux
1 cuill. à café de cannelle en poudre
30 g de beurre
20 cl de crème fraîche

Pour la crème aux œufs

50 cl de lait
100 g de sucre
4 jaunes d'œufs
2 cuill. à soupe de rhum

- Préparez la crème au œufs. Portez le lait et le sucre à ébullition, puis retirez du feu. Fouettez les jaunes d'œufs dans une jatte, puis versez petit à petit le lait dessus, en mélangeant constamment. Incorporez le rhum, laissez refroidir à température ambiante, puis mettez au frais pendant 1 heure (vous pouvez aussi placer la jatte de crème sur un lit de glace).
- Préchauffez le four à 180 °C (th. 6). Recouvrez une plaque à four de papier aluminium ou de papier de cuisson. Coupez les bananes en deux dans la longueur et posez-les sur la plaque. Mélangez le sucre et la cannelle et saupoudrez-en les bananes. Parsemez de noisettes de beurre. Faites cuire environ 15 minutes au four, jusqu'à ce que les bananes soient dorées.
- Servez les bananes chaudes avec la crème aux œufs et la crème fraîche.

Préparation : 20 minutes
Cuisson : 15 minutes
Pour 16 beignets

Pour la pâte
200 g de farine
10 cl d'huile végétale
1 pincée de sel
12 cl d'eau
huile de fiture

Pour servir
100 g de sucre
2 cuill. à café de cannelle en poudre

Beignets

bunuelos

Ces beignets croquants et légers sont faciles à préparer. Heureusement, car cela permet d'en faire souvent ! Impossible de les conserver : ils sont mangés au fur et à mesure qu'ils sont cuits.

- Préparez la pâte. Travaillez ensemble la farine, le sel et l'huile à la main ou au robot. Ajoutez l'eau peu à peu, jusqu'à obtenir une pâte souple. Formez 16 petites boules.
- Faites chauffer l'huile de friture dans une grande poêle. Aplatissez les boules de pâte avec la paume de la main, puis faites-les frire dans l'huile chaude 30 secondes de chaque côté. Égouttez sur du papier absorbant et saupoudrez au fur et à mesure de sucre et de cannelle.

Mercedes
La fille

Si j'étais... une couleur,

je serais rose comme les bougainvilliers.

Si j'étais... une odeur,

je serais celle de la coriandre, que l'on trouve dans tant de plats.

Si j'étais... une saveur,

je serais la noix de coco, toute douce.

Si j'étais... un ustensile,

je serais une presse à tortilla,
pour faire des tortillas bien fines.

Si j'étais... un souvenir gourmand,

je serais un jus d'orange au piment, doux et épicé.

Si j'étais... un péché mignon,

je serais des amandes au caramel.

Ma mère me répète toujours qu'il est important de laisser mariner le poisson à température ambiante, faute de quoi le jus de citron ne le « cuirait » pas comme il faut.

Ceviche de poisson

ceviche

Préparation : 20 minutes Marinade : 1 h 30 Pour 4 personnes

450 g de poisson blanc (daurade, loup, etc.) sans peau
1 oignon
2 oignons nouveaux
5 citrons verts
2 piments serranos
2 tomates
2 cuill. à soupe de coriandre hachée
sel

- Découpez le poisson en petits morceaux de 1 cm. Mettez dans un plat creux. Pressez le jus de 4 citrons verts et versez sur le poisson. Laissez marinez 1 heure à température ambiante, jusqu'à ce que la chair du poisson soit opaque.
- Coupez les tomates en quatre, épépinez-les et coupez-les en petits dés. Épépinez les piments, puis émincez-les finement. Épluchez l'oignon et hachez-le finement. Émincez finement les oignons nouveaux.
- Égouttez les morceaux de poisson, mélangez avec tous les ingrédients dans un saladier et faites mariner 30 minutes au frais. Servez dans des verres transparents.

C'est un des premiers plats que j'ai appris à cuisiner et aussi l'un de ceux que je réussis le mieux.

Enchiladas de poulet

enchiladas de pollo

Préparation : 45 minutes Cuisson : 1 h 15 Pour 4 personnes

4 cuisses de poulet
8 tortillas de maïs
5 gousses d'ail
4 cuill. à soupe d'huile d'arachide ou de tournesol
2 cuill. à soupe d'huile d'olive
4 cuill. à soupe de crème fraîche
150 g de feta émiettée
sel

Pour la sauce

1 kg de tomatillos ou de tomates vertes
3 piments jalapeños
2 gousses d'ail
4 cuill. à soupe d'huile d'olive
sel

- Préparez la sauce. Faites rôtir les tomatillos ou les tomates vertes à sec avec les gousses d'ail non pelées dans une poêle pendant 4 à 5 minutes, jusqu'à ce que la peau commence à noircir. Pelez l'ail et les tomates. Mixez-les avec les piments. Chauffez l'huile d'olive dans une sauteuse, versez le coulis de tomate, salez et faites réduire pendant 10 minutes.
- Préchauffez le four à 180 °C (th. 6). Salez les cuisses de poulet et placez-les dans un plat à four avec les gousses d'ail entières. Arrosez d'huile d'olive et enfournez. Faites cuire 45 minutes à 1 heure, en arrosant régulièrement du jus de cuisson. Laissez refroidir à température ambiante, puis détachez la viande des os en l'effilochant grossièrement.
- Faites chauffer l'huile d'arachide ou de tournesol dans une grande poêle et faites-y frire les tortillas une par une. Réservez-les sur du papier absorbant.
- Étalez 1 cuillerée à soupe de sauce tomate sur chaque tortilla, placez un peu de poulet sur l'une des extrémités et roulez la tortilla. Rangez les enchiladas dans un plat à gratin. Recouvrez du reste de sauce tomate et enfournez pour 15 à 20 minutes.
- Sortez du four, nappez de crème, saupoudrez de fromage émietté et servez sans attendre.

Patates douces au four

yuccas al horno

Préparation : 10 minutes Cuisson : 20 minutes Pour 4 personnes

4 petites patates douces
60 g de beurre
4 cuill. à café de miel
4 bâtons de cannelle
1 cuill. à café de piment en poudre
1 cuill. à café de poivre de la Jamaïque fraîchement moulu

- Préchauffez le four à 210 °C (th. 7). Lavez les patates et placez-les dans un plat à gratin. Piquez le dessus avec les dents d'une fourchette. Faites cuire 20 minutes, jusqu'à ce que les patates commencent à ramollir.
- Entaillez les patates dans la longueur avec un couteau. Placez un bâton de cannelle au centre de chaque patate, ajoutez un peu de poivre de la Jamaïque moulu et saupoudrez de piment en poudre. Ajoutez 1 cuillerée à café de miel sur chaque patate et parsemez de noisettes de beurre.
- Remettez au four et faites cuire 15 à 20 minutes, selon la taille des patates.

J'aime aussi beaucoup cette préparation avec des pommes de terre.

On utilise beaucoup la coriandre au Mexique. Moi, j'adore ça !

Soupe de coriandre

sopa de cilantro

Préparation : 20 minutes Cuisson : 35 minutes Pour 4 personnes

50 cl de lait
1,5 l de bouillon de poulet
3 cuill. à soupe d'huile d'olive
2 pommes de terre
1/2 oignon épluché et haché finement
4 cuill. à soupe de feuilles de coriandre
2 cuill. à soupe de crème fraîche
100 g de feta ou de fromage de chèvre frais
sel, poivre du moulin

- Portez le lait à ébullition, puis retirez du feu et laissez refroidir un peu.
- Chauffez l'huile d'olive dans une casserole et faites-y revenir l'oignon pendant 2 minutes, jusqu'à ce qu'il devienne transparent. Salez et poivrez. Ajoutez les pommes de terre, le bouillon de poulet et le lait. Faites cuire sur feu moyen en remuant constamment pendant 20 minutes.
- Versez la soupe dans le bol d'un mixeur. Ajoutez les feuilles de coriandre et mixez jusqu'à obtention d'un mélange lisse. Ajoutez un peu de liquide si nécessaire. Reversez dans la casserole et poursuivez la cuisson sur feu doux pendant 10 minutes, en remuant. Éteignez le feu, incorporez la crème fraîche et mélangez. Servez sans attendre, avec la feta émiettée.

Ce plat sans viande est délicieux. J'aime beaucoup le manger avec du riz.

Piments farcis

chiles poblanos rellenos

Préparation : 45 minutes Cuisson : 40 minutes Pour 4 personnes

4 piments poblanos ou 4 petits poivrons verts longs
600 g de feuilles d'épinards
4 cuill. à soupe d'huile d'olive
2 gousses d'ail
50 g de pignons de pin
50 g de raisins secs
200 g de fromage de chèvre frais
4 cuill. à soupe de crème fraîche

Pour la sauce tomate

500 g de tomates Roma
1/2 oignon
1 gousse d'ail
1 cuill. à soupe d'huile d'olive
1 brin de thym émietté

- Préparez la sauce tomate. Dans une poêle, faites rôtir les tomates à sec avec les gousses d'ail non pelées et l'oignon pendant 4 à 5 minutes, jusqu'à ce que leur peau commence à noircir. Pelez l'ail et les tomates. Mixez ensemble tous les ingrédients de la sauce tomate, versez dans une casserole et faites cuire 15 minutes, jusqu'à ce que le mélange épaississe.
- Faites griller les piments au four pendant 20 minutes, en les retournant régulièrement. Laissez-les refroidir, puis pelez-les délicatement. Fendez-les en deux dans la longueur, puis retirez les graines et les membranes, en prenant garde de ne pas abîmer la chair.
- Pelez et hachez l'ail. Faites chauffer l'huile d'olive dans une poêle. Ajoutez les épinards et faites-les revenir pendant quelques minutes. Ajoutez l'ail haché, les pignons de pin, les raisins et faites dessécher pendant 5 minutes sur feu moyen.
- Préchauffez le four à 180 °C (th. 6). Garnissez les piments du mélange aux épinards et rangez-les dans un plat à gratin. Répartissez le fromage de chèvre frais, enfournez et faites cuire 20 minutes environ, jusqu'à ce que le fromage soit fondu.
- Servez avec la sauce tomate et la crème fraîche.

Comme son nom mexicain l'indique (abuelita signifie « grand-mère » en espagnol), c'est ma grand-mère qui m'a appris à cuisiner ce plat, qui est l'un de mes préférés.

Burritos aux haricots

burritos de abuelita

Préparation : 30 minutes Cuisson : 20 minutes Pour 4 personnes

2 boîtes de haricots rouges ou noirs (800 g)
8 tortillas de blé
2 oignons
2 piments chipotles
3 tomates mûres
4 cuill. à soupe de grains de maïs surgelés
20 cl de bouillon de légumes ou de poulet
4 cuill. à soupe d'huile d'olive
200 g de cheddar
sel

- Pelez et émincez les oignons. Chauffez 3 cuillerées à soupe d'huile d'olive dans une casserole. Faites-y revenir les oignons pendant 3 minutes. Ajoutez les haricots égouttés et écrasez-les grossièrement à la fourchette. Versez peu à peu le bouillon et mélangez avec une cuillère en bois. Faites cuire pendant 15 minutes. Salez si nécessaire.
- Faites chauffer 1 cuillerée à soupe d'huile d'olive dans une grande poêle, ajoutez les piments chipotles émincés et un peu de leur sauce, faites revenir pendant 2 minutes. Ajoutez la préparation aux haricots et faites revenir pendant 4 à 5 minutes.
- Ébouillantez, pelez et épépinez les tomates ; coupez-les en petits dés. Réchauffez les tortillas de blé dans une poêle antiadhésive. Placez 1 grosse cuillerée du mélange aux haricots sur chaque tortilla, recouvrez de maïs, de tomate et de fromage. Rabattez deux côtés opposés de la tortilla sur la garniture, puis roulez les burritos. Servez avec de la salsa aux tomates fraîches ou rôties (voir page 23).

Salade de fruits au jus d'agrumes et à la vanille

copa de frutas

Préparation : 15 minutes
Cuisson : 5 minutes
Réfrigération : 1 heure
Pour 4 personnes

1/2 melon d'Espagne (melon vert)
1 petite papaye
1 petit ananas
1 mangue
le jus de 2 citrons verts
le jus de 2 oranges
1 gousse de vanille
80 g de sucre

Pour changer de la traditionnelle salade de fruits, je prépare un petit sirop parfumé à la vanille. Cela change tout !

- Épluchez les fruits et coupez-les en morceaux. Arrosez-les d'un peu de jus de citron vert.
- Placez le sucre dans une petite casserole et ajoutez 15 cl d'eau. Fendez la gousse de vanille en deux, récupérez les graines et ajoutez-les, ainsi que la gousse, dans la casserole. Portez à ébullition et retirez du feu. Ôtez la gousse de vanille et laissez refroidir pendant 5 minutes.
- Mélangez le sirop à la vanille avec les jus de citron et d'orange. Arrosez les fruits de ce sirop et placez au frais pendant 1 heure.

Il existe plusieurs recettes mexicaines de flans — au café, à l'orange —, mais moi, je préfère le flan à la noix de coco.

Flans à la noix de coco

flan de coco

Préparation : 15 minutes Cuisson : 40 minutes Réfrigération : 3 heures Pour 4 personnes

40 cl de lait concentré sucré
40 cl de lait de coco
6 jaunes d'œufs
1 gousse de vanille
50 g de noix de coco séchée râpée

Pour le coulis (facultatif)
4 fruits de la passion
20 g de sucre

- Préchauffez le four à 180 °C (th. 6). Préparez un bain-marie et placez-le au four.
- Mettez le lait concentré et le lait de coco dans une casserole. Fendez la gousse de vanille en deux, récupérez les graines avec la pointe d'un couteau et ajoutez-les, ainsi que la gousse, dans la casserole. Portez à ébullition. Retirez du feu et laissez infuser 10 minutes, puis retirez la gousse de vanille.
- Dans un grand bol, fouettez les jaunes d'œufs, puis versez petit à petit la préparation précédente, en mélangeant. Ajoutez la noix de coco râpée.
- Filtrez le mélange et répartissez-le dans de petits ramequins. Placez ceux-ci dans le bain-marie et faites cuire pendant 30 à 40 minutes, jusqu'à ce que le dessus commence à dorer.
- Retirez les flans du bain-marie et laissez refroidir à température ambiante, puis placez au frais pendant 3 heures au minimum.
- Préparez le coulis. Récupérez les graines et le jus des fruits de la passion, mettez-les dans une casserole avec le sucre. Portez à ébullition et retirez du feu. Filtrez et laissez refroidir.
- Servez les flans dans les ramequins ou démoulés, avec un peu de coulis.

Luis Arturo

Le fils

Si j'étais... une couleur,

je serais rouge comme le piment *arbol*.

Si j'étais... une odeur,

je serais celle de la cannelle
que ma grand-mère met dans ses gâteaux.

Si j'étais... une saveur,

je serais le chocolat,
celui que l'on utilise pour le *mole*.

Si j'étais... un ustensile,

je serais le *molinillo de madera* pour fouetter le chocolat chaud.

Si j'étais... souvenir gourmand,

je serais le chocolat chaud aux épices que je bois depuis tout petit.

Si j'étais... un péché mignon,

je serais... encore un chocolat chaud aux épices,
c'est ce que je préfère par-dessus tout !

Ma mère m'a bien expliqué qu'il fallait écraser grossièrement l'avocat et non pas le réduire en purée lisse. C'est bien meilleur ainsi.

Guacamole

guacamole

Préparation : 10 minutes Pour 4 personnes

3 avocats
le jus de 1/2 citron vert
1 tomate coupée en petits dés
1/2 oignon finement haché
2 piments jalapeños, finement émincés
1 petit bouquet de coriandre hachée
sel

Nachos pour servir
8 tortillas de maïs
huile de friture
sel

- Préparez les nachos. Faites chauffer l'huile de friture dans une grande sauteuse ou dans une friteuse. Empilez les tortillas, puis coupez-les en 8 parts triangulaires. Lorsque l'huile est chaude, plongez-les 1 minute, jusqu'à ce qu'elles soient dorées, puis retirez-les et posez-les sur du papier absorbant. Salez. Procédez en plusieurs fois.
- Coupez les avocats en deux, ôtez le noyau et récupérez la chair dans un bol. Arrosez de jus de citron vert. Écrasez la chair grossièrement à la fourchette, puis ajoutez le reste des ingrédients et mélangez. Salez. Servez avec les nachos tièdes.

Alors ça j'adore, avec ou sans champignons, avec ou sans chorizo !

Tortillas au fromage fondu

queso fundido

Préparation : 15 minutes Cuisson : 10 minutes Pour 4 personnes

4 tortillas de maïs
150 g de mozzarelle pour pizza (pas de mozzarelle fraîche, car elle fond mal)
100 g de cheddar
150 g de chorizo
150 g de champignons
1 cuill. à soupe d'huile d'olive
1 oignon rouge
1 petite gousse d'ail
1 piment chipotle en adobo
1/2 cuill. à café d'origan séché
sel

- Préchauffez le four à 180 °C (th. 6). Pelez et hachez l'oignon rouge et l'ail séparément. Hachez le piment. Essuyez soigneusement les champignons et coupez-les en quatre.
- Chauffez l'huile dans une poêle et faites-y revenir les champignons et l'ail jusqu'à totale évaporation de l'eau, soit pendant environ 5 minutes. Salez.
- Enveloppez les tortillas dans du papier aluminium et placez-les dans le four chaud. Versez les champignons à l'ail dans un plat à gratin, ajoutez le piment chipotle émincé, l'oignon haché, le chorizo, les deux fromages et l'origan. Faites cuire pendant 8 à 10 minutes, jusqu'à ce que le fromage soit fondu. Servez avec les tortillas chaudes.

Épis de maïs grillés au fromage

elote asado

Préparation : 5 minutes Cuisson : 25 minutes Pour 4 personnes

4 épis de maïs
40 g de beurre
1/2 cuill. à café de piment fort en poudre
4 cuill. à soupe de crème
40 g de cheddar râpé
40 g de manchego (fromage de brebis) râpé
sel

- Retirez l'enveloppe des épis de maïs. Portez de l'eau à ébullition dans une cocotte munie d'un panier-vapeur ou dans un cuit-vapeur. Faites cuire les épis de maïs pendant 15 minutes, jusqu'à ce que les grains soient tendres. Passez sous l'eau froide pour arrêter la cuisson.
- Chauffez le gril du four ou, mieux, préparez un barbecue. Faites griller les épis pendant 10 minutes, en les retournant régulièrement.
- Rangez les épis sur un plat de service, salez, parsemez de noisettes de beurre, nappez de crème, parsemez le cheddar et le manchego, saupoudrez de piment fort. Servez immédiatement.

Je me rue dessus ! À manger avec les doigts, évidemment.

Une couche de poulet, une couche de nachos, un peu de sauce, on recommence et on finit par plein de fromage... c'est facile !

Gratin de poulet et nachos

chilaquiles de pollo

Préparation : 25 minutes Cuisson : 20 minutes Pour 4 personnes

2 blancs de poulet
1 paquet de chips de tortillas de maïs nature
4 cuill. à soupe de crème fraîche
75 g de cheddar râpé
75 g de manchego râpé
1 oignon
beurre
sel

Pour la sauce
500 g de tomatillos ou de tomates vertes
2 piments serranos émincés
1/2 oignon blanc
2 cuill. à soupe de coriandre fraîche
sel

- Préparez la sauce. Hachez la coriandre. Placez les piments serranos, le demi-oignon blanc, la coriandre et les tomatillos ou les tomates vertes coupés en quartiers dans le bol d'un mixeur. Ajoutez 10 cl d'eau et réduisez en purée fine. Salez.
- Placez les blancs de poulet dans une sauteuse, salez, recouvrez d'eau et portez à ébullition. Baissez le feu, couvrez et laissez pocher pendant 20 minutes. Retirez le poulet, laissez un peu refroidir, puis effilochez la chair.
- Préchauffez le four à 180 °C (th. 6). Mélangez les deux fromages râpés. Beurrez un plat à gratin rectangulaire. Répartissez un peu de fromage. Recouvrez de poulet effiloché, de sauce tomate, puis de crème. Renouvelez l'opération. Couvrez d'une couche de chips de tortillas. Recouvrez du reste de sauce et de crème, terminez par le reste de fromage. Faites gratiner au four pendant 20 minutes environ.
- Épluchez et coupez l'oignon en rondelles. Servez avec le gratin.

Le week-end, j'adore manger ces œufs au petit déjeuner. Si on les prépare pour le déjeuner ou le dîner, on les sert avec des haricots noirs et du riz.

Œufs à la mexicaine

huevos rancheros

Préparation : 15 minutes Cuisson : 20 minutes Pour 4 personnes

4 tortillas de maïs
4 œufs
40 g de beurre
6 tomates
1/2 oignon
1 gousse d'ail
1 piment serrano
6 cuill. à soupe d'huile d'olive
2 brins d'origan frais ou séché
sel

- Pelez l'ail et l'oignon. Coupez les tomates en quartiers. Mixez-les avec l'oignon, l'ail et le piment serrano jusqu'à obtention d'une purée fine.
- Faites chauffer 2 cuillerées à soupe d'huile dans une poêle et versez la sauce tomate. Faites cuire pendant 5 minutes, jusqu'à ce que la sauce réduise un peu. Salez et ajoutez l'origan.
- Chauffez 3 cuillerées à soupe d'huile d'olive dans une poêle et faites-y frire les tortillas une à une. Épongez-les et posez-les sur les assiettes au fur et à mesure.
- Faites chauffer le beurre dans une poêle. Lorsqu'il est mousseux, faites-y cuire les œufs pendant 4 minutes. Déposez 1 œuf sur chaque tortilla et recouvrez de sauce.

POLLERIA
MAGO

Grupo Trimex del

Les piments chipotles dans la mayonnaise ne sont pas obligatoires, mais moi je trouve cela meilleur. Si vous aimez manger épicé, vous pouvez même augmenter la dose.

Frites de patate douce

camotes fritas

Préparation : 30 minutes Cuisson : 10 minutes Pour 4 personnes

4 petites patates douces (ou 2 grosses)
huile de friture
sel

Pour la mayonnaise

1 jaune d'œuf
1 gousse d'ail pelée et finement hachée
1 cuill. à soupe de jus de citron vert
2 piments chipotles finement hachés
20 cl d'huile d'olive
sel

- Préparez la mayonnaise. Mélangez soigneusement le jaune d'œuf, du sel, l'ail haché, le jus de citron vert et les piments chipotles hachés. Ajoutez l'huile d'olive en filet et émulsionnez à l'aide d'un petit fouet. Réservez au frais.
- Faites chauffer l'huile de friture dans la friteuse. Pelez les patates douces, taillez-les en frites épaisses. Rincez-les, puis essuyez-les soigneusement. Plongez-les dans l'huile bouillante pendant 10 minutes, jusqu'à ce qu'elles soient bien dorées. Égouttez et réservez sur du papier absorbant. Servez avec la mayonnaise.

Sucettes glacées à la pastèque

nieve de melon

L'été, ce dessert est parfait ! De temps en temps, Maman prépare cette recette en granité ; dans ce cas, elle place la préparation dans un moule au congélateur pendant 2 heures, et moi, je dois gratter avec une fourchette toutes les demi-heures.

Préparation : 20 minutes
Congélation : 2 heures
Pour 12 sucettes

1/4 pastèque
100 g de sucre
1/2 cuill. à café de cannelle en poudre
1 cuill. à café d'eau de fleur d'oranger

- Préparez le sirop. Placez le sucre et la cannelle dans une casserole, ajoutez 20 cl d'eau et portez à ébullition. Retirez du feu. Laissez refroidir à température ambiante.
- Prélevez la chair de la pastèque et ôtez les pépins. Placez-la dans le bol d'un mixeur et réduisez-la en purée. Ajoutez le sirop et actionnez de nouveau l'appareil. Répartissez dans des mini-moules à muffins ou à financiers ronds et placez au congélateur.
- Au bout de 1 heure environ, quand la glace commence à prendre, enfoncez un bâtonnet dans chaque mini-moule et replacez au congélateur pour 2 heures au minimum.

Cette couronne des rois se prépare avec toutes sortes de fruits confits. C'est souvent moi qui ai la fève !

Couronne des rois

rosca de Reyes

Préparation : 45 minutes Cuisson : 25 minutes Repos : 2 heures Pour 4 personnes

350 g de farine
+ 20 g pour le plan de travail
100 g de sucre
+ 30 g pour la décoration
1 cuill. à café de levure fraîche
100 g de beurre
1 cuill. à soupe de lait concentré sucré
2 gros œufs ou 3 petits
+ 1 œuf battu pour dorer
le zeste râpé de 1/2 citron vert
1/2 cuill. à café de cannelle en poudre
1/2 cuill. à café d'eau de fleur d'oranger
100 g de zestes d'orange confits ou de fruits confits (cerises, etc.)
1 pincée de sel
1 fève en céramique

- Placez la levure dans un bol et recouvrez de 2 cuillerées à soupe d'eau chaude. Laissez reposer 5 minutes, jusqu'à ce que le mélange devienne mousseux.
- Placez 100 g de sucre, les œufs, le beurre, la cannelle, le sel et le lait concentré dans le bol d'un robot multifonction ; ajoutez la levure et l'eau. Actionnez l'appareil quelques secondes. Ajoutez la farine petit à petit, en mélangeant jusqu'à ce que la pâte forme une boule. Ajoutez l'eau de fleur d'oranger et le zeste de citron vert. Actionnez de nouveau le robot pendant 1 minute. Placez la boule de pâte sur un plat et recouvrez d'un linge humide. Laissez gonfler dans un endroit chaud pendant 1 heure.
- Parsemez la pâte de zestes ou de fruits confits, en en gardant quelques-uns pour la décoration. Pétrissez sur une surface farinée pour bien incorporer les fruits confits. Enfoncez la fève et formez de nouveau une boule. Farinez.
- Faites un trou au centre de la boule et placez l'index et le majeur des deux mains dans ce trou. Faites rouler l'anneau de pâte autour des doigts pour obtenir une couronne suffisamment large. Déposez celle-ci sur une plaque à four et placez un moule à soufflé au centre, pour éviter qu'elle ne se rétracte. Vous pouvez aussi former un rouleau avec la pâte, puis la placer dans un moule en couronne. Couvrez d'un linge humide et laissez gonfler pendant 45 minutes à 1 heure dans un endroit chaud.
- Préchauffez le four à 200 °C (th. 6/7). Dorez la couronne à l'œuf battu, décorez de zestes ou de fruits confits, saupoudrez de sucre en poudre. Faites cuire au four 20 à 25 minutes, jusqu'à ce que la surface soit dorée. Laissez refroidir sur une grille à température ambiante. Servez avec un chocolat chaud.

Micaelina
La grand-mère

Si j'étais... une couleur,

je serais verte comme la chair délicate de l'avocat.

Si j'étais... une odeur,

je serais celle des épices torréfiées sur mon *comal*.

Si j'étais... une saveur,

je serais celle, complexe et délicate, du *mole*.

Si j'étais... un ustensile,

je serais un *masa molino*, pour moudre le maïs.

Si j'étais... un souvenir gourmand,

je serais une agua de Jamaica,
cette boisson rafraîchissante à la fleur d'hibiscus,
que nous dégustions souvent avec Aniceto, quand nous étions jeunes.

Si j'étais... un péché mignon,

je serais un gâteau au fromage.

Nous les grignotons souvent tels quels avant le repas, mais ils accompagnent aussi très bien une bonne quesadilla au fromage.

Légumes en escabèche

verduras en escabeche

Préparation : 30 minutes Cuisson : 8 minutes Macération : 12 heures Pour 4 personnes

1 tête d'ail épluchée et hachée
200 g de chou-fleur en fleurettes
250 g de carottes épluchées et coupées en rondelles
100 g de haricots verts équeutés
1 poivron rouge épépiné et détaillé en lanières
2 piments jalapeños émincés
3 mini-concombres coupés en morceaux
1 cuill. à soupe d'huile d'olive
3 cuill. à café de sel
1 cuill. à café de sucre
1 feuille de laurier
2 cuill. à soupe de poivre en grains
1 bâton de cannelle
2 cuill. à soupe de coriandre en grains
1 l de vinaigre de cidre ou de vin blanc

- Faites chauffer l'huile d'olive dans une grande poêle. Ajoutez l'ail et faites-le revenir 2 à 3 minutes à feu doux, jusqu'à ce que son parfum se dégage, sans laisser colorer. Ajoutez les carottes et faites cuire 3 minutes. Ajoutez le reste des légumes, puis le sel, le sucre, le vinaigre, le laurier, le poivre, la cannelle et la coriandre. Portez à ébullition, puis laissez cuire 4 à 5 minutes, jusqu'à ce que les légumes soient tendres.
- Transférez les légumes et leur liquide de cuisson dans un bocal en verre. Laissez refroidir à température ambiante, puis fermez hermétiquement et placez au réfrigérateur pendant au moins 12 heures.

Poulet aux tomatillos

pipian de pollo

C'est un de nos nombreux plats de poulet en sauce, mais verte cette fois. Si vous ne trouvez pas de tomatillos, qui sont de petites tomates vertes acides, remplacez-les par des tomates vertes.

Préparation : 50 minutes
Cuisson : 45 minutes
Pour 4 personnes

4 cuisses de poulet
2 cuill. à soupe d'huile d'olive
1 oignon
2 gousses d'ail
2 piments chipotles séchés
25 cl de bouillon de poulet
12 tortillas de blé ou de maïs

Pour la sauce

100 g de graines de sésame
150 g de cacahuètes non salées
1/2 cuill. à café de cannelle en poudre
3 gousses d'ail épluchées
2 cuill. à soupe d'huile d'arachide
500 g de tomatillos (ou de tomates vertes)

- Pelez et hachez l'oignon et l'ail. Chauffez 1 cuillerée à soupe d'huile dans une grande sauteuse. Faites-y dorer le poulet pendant 4 à 5 minutes, puis retirez-le et réservez-le sur une assiette. Ajoutez 1 cuillerée à soupe d'huile dans la sauteuse, ainsi que l'oignon, l'ail et les piments chipotles. Faites revenir pendant 3 minutes. Remettez le poulet, versez le bouillon et portez à ébullition. Baissez le feu, couvrez et laissez cuire pendant 20 à 25 minutes. Retirez le poulet de la sauteuse, laissez refroidir un peu, puis détachez la viande des os, en conservant des morceaux assez gros. Réservez le liquide de cuisson.
- Préparez la sauce. Dans une poêle, torréfiez à sec les graines de sésame, les cacahuètes, les gousses d'ail entières et la cannelle pendant 2 à 3 minutes. Pelez l'ail et passez le tout au mixeur pour obtenir une pâte épaisse. Chauffez l'huile d'arachide dans une cocotte, ajoutez la pâte aux cacahuètes et faites revenir pendant 3 minutes. Ajoutez les tomatillos et poursuivez la cuisson pendant 4 minutes, jusqu'à obtenir une sauce épaisse. Ajoutez un peu de liquide de cuisson du poulet si la sauce est trop sèche ou trop épaisse.
- Ajoutez le poulet dans la cocotte et laissez mijoter 10 à 15 minutes. Servez avec les tortillas chaudes.

Tacos de porc à la sauce verte

tacos de puerco asado con salsa verde

C'est la marinade qui fait tout. Je remplace parfois les piments anchos et chipotles par d'autres piments, selon ce que je trouve au marché.

Préparation : 45 minutes
Cuisson : 5 minutes
Marinade : 2 heures
Pour 4 personnes

500 g de filet mignon de porc
12 tortillas de maïs ou de blé
1 grosse tomate coupée en dés
1 cœur de laitue émincé
1 petit avocat coupé en tranches fines et citronné

Pour la marinade

2 piments anchos séchés
2 piments chipotles en adobo
1/2 oignon rouge
1 cuill. à soupe de concentré de tomate
1 cuill. à café de cannelle en poudre
10 cl de bière
2 gousses d'ail

Pour la sauce verte

250 g de tomatillos ou de tomates vertes
1/2 oignon rouge
3 piments jalapeños
2 cuill. à soupe de coriandre fraîche hachée
1 cuill. à café de vinaigre de cidre
sel

- Préparez la marinade. Faites tremper les piments anchos dans de l'eau bouillante pendant 5 minutes. Pelez et hachez grossièrement les piments et l'oignon. Pelez l'ail. Réunissez tous les ingrédients dans le bol d'un mixeur et réduisez en pâte épaisse. Ajoutez un peu d'eau de trempage des piments si nécessaire.
- Coupez le filet mignon de porc en deux dans la longueur. Avec un couteau pointu, entaillez légèrement chaque morceau en croix. Enrobez de marinade, roulez dans du film plastique et laissez mariner 2 heures au minimum au frais (voire 12 heures si c'est possible).
- Préparez la sauce. Coupez les tomatillos ou les tomates vertes en dés. Épluchez et hachez grossièrement l'oignon. Épépinez et émincez les piments. Réunissez tous les ingrédients dans un bol et mélangez. Mettez au frais pendant 30 minutes.
- Faites chauffer le gril du four ou le barbecue. Faites griller les morceaux de porc 4 à 5 minutes de chaque côté, jusqu'à ce que la viande soit cuite, mais rosée et juteuse. Laissez reposer 5 minutes, puis découpez en lanières. Déposez sur les tortillas et servez avec la tomate, la laitue, l'avocat et la salsa.

C'est le plat que je préfère cuisiner, même si je ne le prépare pas très souvent. Il faut être délicat dans les dosages.

Cailles à la rose

cordoniz en salsa de rosa

Préparation : 35 minutes Cuisson : 30 minutes Pour 4 personnes

8 cailles
beurre
sel

Pour la salsa de rosa
60 g de beurre
16 pétales de roses roses non traitées, plus une dizaine pour la décoration
1 dizaine de pétales de roses rouges
40 g de poudre d'amandes
2 cuill. à soupe de miel
1/2 cuill. à café d'eau de rose
sel, poivre blanc fraîchement moulu

- Torréfiez légèrement la poudre d'amandes à sec dans une poêle antiadhésive, pendant 2 à 3 minutes.
- Placez les pétales de roses rouges avec 5 cl d'eau dans le bol d'un mixeur et réduisez-les en purée fine. Ajoutez les amandes torréfiées, recouvrez de 25 cl d'eau et mixez jusqu'à obtention d'une texture lisse et homogène. Faites cuire dans une casserole sur feu doux pendant 10 minutes, en remuant.
- Ajoutez le miel, salez, poivrez. Passez au chinois en pressant avec le dos d'une cuillère pour extraire le maximum de jus. Ajoutez l'eau de rose. Mélangez.
- Préchauffez le four à 210 °C (th. 7). Salez les cailles, parsemez-les de noisettes de beurre et faites-les rôtir au four pendant 20 minutes environ, en arrosant de jus de cuisson régulièrement. Éteignez le four et laissez reposer les cailles dans le four chaud pendant 5 minutes.
- Faites réchauffer la sauce aux pétales de roses sur feu doux et versez-la sur les cailles. Décorez avec les pétales de roses réservés.

Je sers ces beignets avec une sauce de tomates rôties au piment chipotle. Un vrai délice !

Beignets de fleurs de courgette

bunuelos de flor de calabaza

Préparation : 15 minutes Cuisson : 4 minutes Pour 4 personnes

8 belles fleurs de courgette
200 g de fromage de chèvre frais
1/2 cuill. à café de piment en poudre
1 pincée de noix muscade râpée
2 œufs
100 g de farine de maïs
huile de friture
sel

- Supprimez les pistils des fleurs de courgette et rincez-les rapidement sous l'eau fraîche. Essuyez-les délicatement. Partagez le fromage de chèvre en 8 morceaux, salez-les et saupoudrez-les de piment et de noix muscade. Placez un morceau de fromage au cœur de chaque fleur et tournez le haut des pétales pour enfermer la farce.
- Battez les œufs légèrement. Versez la semoule de maïs dans une assiette.
- Faites chauffer l'huile de friture dans une grande sauteuse. Passez les fleurs de courgette dans les œufs battus, puis dans la semoule de maïs. Plongez-les deux par deux dans l'huile chaude et faites-les cuire 3 à 4 minutes, jusqu'à ce qu'elles soient bien dorées. Égouttez sur du papier absorbant. Servez immédiatement.

Enchiladas de canard au tamarin

enchiladas de pato al tamarindo

J'apprécie particulièrement le délicieux contraste entre l'acidité du tamarin et la douceur de la viande de canard.

Préparation : 40 minutes
Cuisson 1 h 20
Pour 4 personnes

4 cuisses de canard
30 g de beurre
1 oignon jaune
1 bouquet garni
25 cl de bouillon de volaille
50 g de pâte de tamarin
8 tortillas de maïs
2 cuill. à soupe d'huile de tournesol

Pour la sauce
4 tomates épépinées et hachées grossièrement
2 gousses d'ail épluchées et hachées
1/2 oignon rouge épluché et haché
1 petit piment serrano émincé
1 cuill. à soupe d'huile de tournesol

Pour servir
2 cuill. à soupe de crème fraîche
80 g de feta

- Pelez l'oignon jaune et coupez-le en deux. Faites chauffer le beurre dans une grande cocotte et faites-y dorer les cuisses de canard de tous les côtés, pendant 8 minutes environ. Ajoutez l'oignon et le bouquet garni. Versez le bouillon. Couvrez et faites cuire 45 à 50 minutes sur feu doux ou dans le four préchauffé à 180 °C (th. 6).
- Préparez la sauce. Réunissez les tomates, le piment, l'ail et l'oignon rouge dans le bol d'un mixeur et réduisez en purée fine. Chauffez 1 cuillerée à soupe d'huile dans une poêle, versez la sauce et faites cuire 3 minutes, jusqu'à ce qu'elle commence à épaissir.
- Préchauffez le four à 210 °C (th. 7). Effilochez la viande de canard et mélangez-la avec la pâte de tamarin.
- Chauffez 2 cuillerées à soupe d'huile dans une poêle. Faites-y frire légèrement les tortillas. Déposez 1 cuillerée de sauce sur chaque tortilla, recouvrez de viande et roulez. Disposez les tortillas au fur et à mesure dans un plat à gratin. Recouvrez du reste de sauce et faites cuire au four pendant 15 à 20 minutes.
- Pour servir, répartissez la crème fraîche et la feta émiettée sur les tortillas.

Un grand classique de la cuisine mexicaine, vite prêt et idéal pour les enfants qui n'aiment pas trop le poisson.

Poisson Veracruz

pescado a la veracruzana

Préparation : 30 minutes Cuisson : 15 minutes Pour 4 personnes

600 g de filets de poisson blanc avec la peau
1 poivron jaune épépiné et taillé en lanières
1 poivron rouge épépiné et taillé en lanières
2 gousses d'ail épluchées et hachées
2 belles tomates coupées en quatre
10 cl de vin blanc sec
100 g de farine
3 cuill. à soupe d'huile d'olive
1 cuill. à café de sel
poivre noir du moulin

Pour servir

2 oignons émincés
2 citrons verts

- Faites chauffer 1 cuillerée à soupe d'huile dans une grande poêle. Ajoutez les poivrons et l'ail et faites-les revenir pendant 7 minutes environ, jusqu'à ce que les poivrons soient tendres. Ajoutez la tomate, le vin blanc et la moitié du sel.
- Entaillez la peau du poisson en croix avec la pointe d'un couteau. Salez, poivrez et passez dans la farine. Faites chauffer 2 cuillerées à soupe d'huile dans une poêle. Faites-y revenir les filets de poisson, peau en dessous, pendant 4 à 5 minutes, jusqu'à ce que la peau soit croustillante. Retournez les filets de poisson et faites cuire 1 à 2 minutes, jusqu'à ce que la chair soit opaque.
- Disposez les filets dans une assiette de service, nappez de sauce. Servez avec les citrons coupés en quartiers et les oignons blancs émincés.

Piments anchos farcis

chiles anchos rellenos

La farce s'accommode très bien avec des poivrons frais, mais c'est encore meilleur avec des piments anchos.

- Chauffez l'huile dans une grande poêle. Faites-y revenir le poulet, l'oignon et l'ail pendant 4 à 5 minutes en remuant, jusqu'à ce que le poulet soit doré. Ajoutez les tomates, les raisins secs, les amandes, les olives, le persil et la coriandre, les câpres, le thym et le laurier, salez, couvrez et faites cuire 10 minutes, jusqu'à ce que le poulet et les tomates soient tendres. Ajoutez un peu d'eau si le mélange est trop sec.
- Torréfiez les piments anchos à sec dans une grande poêle pendant 1 à 2 minutes. Ajoutez le vinaigre et couvrez avec 50 cl d'eau. Ajoutez le sucre et la cannelle et portez à ébullition. Retirez du feu et laissez macérer pendant 20 minutes.
- Préchauffez le four à 180 °C (th. 6). Égouttez les piments et entaillez-les dans la longueur. Retirez délicatement leurs membranes intérieures et les graines, puis farcissez-les avec le mélange au poulet. Rangez-les dans un plat à gratin et saupoudrez-les de fromage râpé. Faites cuire 15 à 20 minutes. Servez avec la crème fraîche.

Préparation : 40 minutes
Cuisson : 30 minutes
Pour 4 personnes

8 piments anchos
12 cl de vinaigre de vin blanc
100 g de sucre roux
1 petit bâton de cannelle
100 g de cheddar râpé
100 g de crème fraîche

Pour la farce
250 g de blanc de poulet haché
1/2 oignon rouge émincé
2 gousses d'ail pelées et hachées
3 belles tomates hachées
100 g de raisins secs
100 g d'amandes émondées hachées
100 g d'olives vertes dénoyautées et hachées
4 cuill. à soupe de persil haché
4 cuill. à soupe de coriandre fraîche hachée
2 cuill. à soupe de câpres ou de fleurs de câpres
1 brin de thym
1 feuille de laurier
5 cuill. à soupe d'huile d'olive
sel

Préparation : 20 minutes
Cuisson : 2 h 30-3 heures
Pour 4 personnes

800 g d'épaule de porc en morceaux
150 g de chorizo
1 oignon pelé et haché
3 gousses d'ail pelées et hachées
5 tomates pelées, épépinées et grossièrement hachées
1 cuill. à soupe de concentré de tomate
2 piments chipotles
20 cl de bière (mexicaine de préférence)
1 cuill. à soupe d'huile d'olive
1 brin de thym
1 brin d'origan frais
1 pincée de clou de girofle moulu
5 cl de crème fraîche
sel

Ragoût de porc au piment chipotle

tinga poblana

La viande doit cuire suffisamment longtemps pour être bien tendre et imprégnée de toutes les saveurs de ce ragoût. Parfois, je prépare même ce plat la veille, car il est encore meilleur quand il est réchauffé.

- Chauffez l'huile dans une cocotte en fonte sur feu vif. Salez les morceaux de porc. Faites revenir la viande et le chorizo coupé en tranches pendant 4 à 5 minutes (procédez en plusieurs fois si nécessaire). Réservez et réduisez le feu.
- Dans la même cocotte, faites revenir l'oignon, l'ail, les tomates hachées et les piments hachés pendant 3 à 4 minutes, jusqu'à ce que le mélange commence à brunir.
- Ajoutez les morceaux de viande et les tranches de chorizo, la pulpe de tomate, le thym, l'origan et le clou de girofle. Mouillez avec la bière et portez à ébullition. Couvrez partiellement et faites mijoter pendant 2 h 30 à 3 heures sur feu doux, jusqu'à ce que le porc soit très tendre et que la sauce soit réduite de moitié. Servez avec la crème.

C'est ma recette fétiche, un grand classique dont personne ne se lasse dans la famille.

Soupe de poulet

sopa de pollo

Préparation : 30 minutes Cuisson : 40-45 minutes Pour 4 personnes

1,5 l de bouillon de poulet
2 blancs de poulet
4 cuill. à soupe d'huile de colza ou de tournesol
1/2 oignon
1 carotte
3 tomates
1 avocat
1 piment jalapeño
3 cuill. à soupe de coriandre fraîche hachée
4 tortillas de maïs
sel, poivre du moulin

- Ébouillantez les tomates, pelez-les, épépinez-les et coupez-les en morceaux. Épépinez et émincez finement le piment. Pelez et hachez l'oignon. Épluchez la carotte et coupez-la en dés.
- Découpez les tortillas en bandes. Faites chauffer 2 cuillerées à soupe d'huile dans une grande poêle, puis ajoutez les bandes de tortillas et faites-les dorer pendant 1 à 2 minutes. Réservez sur du papier absorbant.
- Faites chauffer 2 cuillerées à soupe d'huile dans une cocotte. Ajoutez l'oignon, la carotte et le piment ; faites revenir pendant 4 à 5 minutes. Versez le bouillon de poulet et portez à ébullition. Réduisez le feu et laissez cuire à petits bouillons pendant 15 minutes.
- Salez et poivrez les blancs de poulet ; ajoutez-les au bouillon. Baissez le feu au minimum et faites pocher pendant 15 minutes environ. Retirez les blancs de poulet du bouillon, laissez-les refroidir un peu, puis effilochez-les. Remettez la viande de poulet dans le bouillon.
- Ajoutez les tomates. Faites cuire à petits bouillons pendant 4 à 5 minutes, jusqu'à ce que les tomates soient tendres. Assaisonnez.
- Pelez l'avocat et coupez-le en cubes. Servez la soupe dans des bols individuels avec les tortillas, les cubes d'avocat et la coriandre hachée.

L'alliance délicate des nombreux ingrédients du mole, qui doivent mijoter ensemble longuement, se trouve sublimée par le chocolat qui met en valeur la chair de la volaille. Le poulet peut aussi être cuit au four ; dans ce cas, je sers la sauce à part.

Poulet en sauce au chocolat et chips de banane

pollo al mole

Préparation : 1 heure Cuisson : 3 heures Pour 4 personnes

1 poulet fermier
1 oignon
1 carotte
1 branche de céleri
1 feuille de laurier

Pour l'accompagnement
3 bananes plantains
50 g de beurre
1 cuill. à soupe d'huile d'olive
2 cuill. à soupe de sucre roux
le jus de 1 citron

Pour le mole
12 piments anchos séchés
4 piments pasillas séchés
5 piments guajillos séchés
1/2 cuill. à café de cumin moulu
1/2 cuill. à café de cannelle moulue
2 clous de girofle
250 g d'amandes émondées
ou de cacahuètes non salées
100 g de graines de sésame
2 cuill. à soupe de raisins secs
3 cuill. à soupe d'huile d'olive
1 cuill. à café de sucre
1 tranche de baguette rassise
40 g de chocolat noir

- Dans une cocotte, mettez le poulet, l'oignon pelé et coupé en quatre, la carotte grattée et coupée en petits morceaux, le céleri effilé et émincé et la feuille de laurier. Couvrez d'eau à hauteur et faites cuire 2 heures à 2 h 30. Retirez le poulet, filtrez le jus et réservez.
- Préparez le mole. Torréfiez les piments à sec pendant 8 à 9 minutes dans une grande poêle sur feu doux. Transférez-les dans un grand bol et recouvrez-les d'eau bouillante.
- Dans la même poêle, torréfiez le cumin, la cannelle, les clous de girofle, les amandes et les graines de sésame pendant quelques minutes. Réduisez en poudre dans un moulin à café. Procédez en plusieurs fois si nécessaire.
- Faites chauffer 1 cuillerée à soupe d'huile dans la poêle, ajoutez le pain et les raisins secs. Faites revenir 2 minutes, jusqu'à ce que le pain soit doré et les raisins gonflés.
- Égouttez les piments et hachez-les grossièrement. Placez-les dans le bol d'un mixeur et ajoutez le pain, les raisins secs et 12,5 cl de leur eau de trempage. Réduisez en purée fine.
- Faites chauffer 2 cuillerées à soupe d'huile d'olive dans une grande casserole. Ajoutez la purée de piments et le mélange amandes-épices. Faites cuire 2 à 3 minutes en remuant. Ajoutez 1 l de bouillon de cuisson du poulet. Portez à ébullition, réduisez le feu et faites mijoter sur feu doux pendant 20 à 25 minutes, jusqu'à ce que la sauce épaississe. Ajoutez le chocolat et le sucre. Mélangez. Poursuivez la cuisson sur feu doux pendant 10 minutes.
- Préparez les chips de bananes plantains. Épluchez les bananes, puis coupez-les en tranches de 3 cm environ en diagonale. Faites chauffer le beurre et 1 cuillerée à soupe d'huile dans une grande poêle. Lorsque le beurre commence à mousser, ajoutez les rondelles de banane et faites-les cuire 2 minutes, jusqu'à ce qu'elles commencent à dorer. Saupoudrez le sucre et retournez. Poursuivez la cuisson pendant 1 à 2 minutes. Baissez le feu si le sucre commence à brûler. Couvrez et retirez du feu.
- Retirez la peau du poulet, coupez-le en morceaux et mettez-le dans la sauce au chocolat. Couvrez et faites cuire 10 à 15 minutes, en retournant les morceaux de poulet à mi-cuisson. Si la sauce n'est pas assez épaisse, retirez le poulet et faites réduire le mole pendant 10 minutes. Servez le poulet nappé de sauce, avec les bananes plantains.

SOL

Tamales de porc au piment chipotle

tamales rancheros con piment chipotle

Si vous ne trouvez pas d'épis de maïs dans leur enveloppe, vous pouvez utiliser du papier sulfurisé pour confectionner les papillotes.

- Placez les cubes de porc, le laurier, du sel et la cannelle dans une grande cocotte et couvrez d'eau à hauteur. Portez à ébullition, couvrez et laissez cuire à petits bouillons sur feu moyen à doux pendant 1 h 30 à 2 heures, en écumant régulièrement. Laissez refroidir la viande dans le liquide de cuisson, puis égouttez-la et effilochez-la. Ôtez le bâton de cannelle et la feuille de laurier, réservez le liquide de cuisson.
- Recouvrez les feuilles de maïs d'eau bouillante et laissez-les tremper 15 minutes.
- Préparez la sauce. Coupez les tomates en quatre. Pelez et émincez l'ail. Hachez les chipotles. Rassemblez tous les ingrédients dans le bol d'un mixeur et actionnez brièvement l'appareil, jusqu'à obtention d'une sauce grumeleuse.
- Dans un saladier, mélangez la semoule de maïs, le beurre fondu, la levure et du sel. Mélangez au batteur électrique jusqu'à l'obtention d'une pâte épaisse. Ajoutez le liquide de cuisson du porc et battez pendant 10 minutes : vous devez obtenir une pâte légère ; ajoutez de l'eau si nécessaire.
- Essuyez les feuilles de maïs. Placez 1 cuillerée à soupe de pâte de maïs sur une extrémité de chaque feuille. Recouvrez d'un peu de viande de porc et de 1 cuillerée à café de sauce. Rabattez les côtés de l'enveloppe, afin d'enfermer la farce, puis repliez pour former de petits paquets. Entourez de ficelle de cuisine.
- Placez de l'eau au fond d'un cuit-vapeur ou d'une cocotte munie d'un panier-vapeur. Rangez les tamales dans le panier et faites cuire à la vapeur pendant 45 minutes. Servez avec le reste de la sauce.

Préparation : 50 minutes
Cuisson : 2 h 45
Pour 4 personnes

400 g de longe de porc coupée en cubes
1 feuille de laurier
1 bâton de cannelle
sel

Pour la sauce
2 piments chipotles
3 tomates
le jus et le zeste de 1 citron vert
2 gousses d'ail
sel

Pour les tamales
12 feuilles d'épi de maïs
75 g de semoule de maïs
80 g de beurre fondu
1 cuill. à café de levure
sel

Riz au lait de coco

arroz con leche de coco

Préparation : 20 minutes Cuisson : 45 minutes Pour 4 personnes

100 g de riz blanc
75 cl de lait entier
25 cl de lait de coco
125 g de noix de coco séchée râpée
1 gousse de vanille
1/2 cuill. à café de cannelle
3 jaunes d'œufs

- Fendez la gousse de vanille en deux et récupérez les graines. Placez le riz, le lait, le lait de coco, la gousse et les graines de vanille, la cannelle dans une grande casserole. Faites cuire sur feu doux à moyen pendant 45 minutes, en remuant de temps en temps.
- Transférez un quart du riz dans un bol, laissez refroidir quelques minutes, puis incorporez les jaunes d'œufs. Remettez ce mélange dans la casserole et remuez. Ajoutez la noix de coco râpée.

Lorsque j'ai le temps, je fais dorer la noix de coco râpée à sec dans une poêle avant de l'incorporer au riz. C'est plus parfumé.

Quelquefois, j'ajoute des noix de pécan hachées et grillées dans la sauce au caramel et je décore le gâteau avec des noix de pécan grillées.

Gâteau au fromage et sauce au caramel

pastel de queso

Préparation : 30 minutes Cuisson : 2 heures + 1 heure Réfrigération : 12 heures Pour 6 personnes

150 g de biscuits spéculoos
60 g de beurre
750 g de mascarpone
150 g de sucre en poudre
1 gousse de vanille
3 œufs
1 boîte de lait concentré sucré

- La veille, beurrez un moule à manqué. Écrasez les biscuits. Mélangez les biscuits écrasés et le beurre dans un grand bol pour former une pâte épaisse. Tapissez le fond du moule de ce mélange en pressant bien. Placez au frais pendant 30 minutes.
- Préchauffez le four à 180 °C (th. 6). Dans un saladier, fouettez le mascarpone et le sucre. Fendez la gousse de vanille en deux, récupérez les graines et ajoutez-les. Ajoutez les œufs un à un et mélangez. Versez ce mélange dans le moule et enfournez pendant 50 minutes à 1 heure. Laissez refroidir à température ambiante, puis placez au moins 12 heures au frais.
- Préparez la sauce. Retirez l'étiquette de la boîte de lait concentré sucré et placez la boîte dans une cocotte ; recouvrez d'eau, portez à frémissement sur feu doux à moyen et laissez cuire 2 heures sans couvrir. Ajoutez de l'eau si nécessaire. Retirez la boîte de l'eau et laissez-la refroidir 30 minutes avant de l'ouvrir avec précaution.
- Le jour même, démoulez le gâteau sur un plat. Faites tiédir la sauce caramel obtenue avec le lait concentré sucré sur feu doux et servez-la avec le gâteau.

Je prépare cette glace la veille ou bien le matin pour le soir. Parfois, je remplace l'extrait d'amande amère par de l'eau de rose.

Glace aux pétales de rose et aux amandes

helado de petalos de rosa y almendras

Préparation : 20 minutes Cuisson : 5 minutes Congélation : 3 heures

30 g de pétales de rose non traités
50 cl de crème fleurette
50 cl de lait entier
200 g de sucre
150 g de poudre d'amande
1/2 cuill. à café d'extrait d'amande amère
5 jaunes d'œufs

- Dans le bol d'un robot, réunissez les pétales de rose, la poudre d'amande et le sucre. Actionnez jusqu'à obtention d'une pâte épaisse.
- Placez la crème, le lait et le mélange précédent dans une casserole ; portez à ébullition en remuant constamment. Retirez du feu et ajoutez l'extrait d'amande amère.
- Fouettez les jaunes d'œufs dans une jatte pendant 1 minute, jusqu'à ce qu'ils soient mousseux. Ajoutez petit à petit le liquide chaud, en remuant constamment. Transférez dans la casserole et faites cuire sur feu doux à moyen pendant 5 minutes, en remuant avec une cuillère en bois, jusqu'à ce que la crème nappe la cuillère.
- Passez la crème au travers d'un chinois en la récupérant dans une jatte et placez celle-ci dans un saladier rempli de cubes de glace. Laissez refroidir.
- Turbinez la préparation dans une machine à glace en suivant les instructions du fabricant ou placez-la au congélateur pendant 3 heures, en remuant de temps en temps.

CAFE
FUENTE DE SODAS

Aniceto
Le grand-père

Si j'étais... une couleur,

je serais bleu comme le ciel.

Si j'étais... une odeur,

je serais celle, puissante et entêtante,
de la coriandre.

Si j'étais... une saveur,

je serais celle du piment chipotle, un peu fumée.

Si j'étais... un ustensile,

je serais un *molcajete*,
pour pouvoir être le premier à manger du *guacamole*.

Si j'étais... souvenir gourmand,

je serais la tequila bien sûr !

Si j'étais... un péché mignon,

je serais un flan au café, qui conjugue douceur et force.

C'est ma soupe préférée ! L'hiver, elle est reconstituante, après une journée passée à l'extérieur. Elle est délicieuse avec une bonne cuillerée de crème.

Soupe de haricots noirs

sopa de frijoles

Préparation : 25 minutes Cuisson : 25 minutes Pour 4 personnes

2 boîtes de haricots noirs (800 g)
250 g de maïs en grains
2 oignons
1 piment jalapeño
3 gousses d'ail
1 l de bouillon de volaille
le jus de 3 citrons verts
2 cuill. à soupe d'huile végétale
1/2 cuill. à café d'origan séché
1 cuill. à café de piment doux en poudre
2 cuill. à café de cumin en poudre
2 cuill. à soupe de coriandre fraîche hachée
1 sachet de chips de tortillas de maïs
4 cuill. à soupe de crème fraîche
1/2 cuill. à café de sel

- Pelez et hachez finement les oignons. Pelez et hachez finement l'ail. Émincez le piment jalapeño. Chauffez l'huile dans une cocotte. Faites-y revenir les oignons et le piment jalapeño pendant 3 à 4 minutes. Ajoutez l'ail et l'origan, le piment doux et le cumin ; poursuivez la cuisson pendant 2 minutes.
- Ajoutez la moitié des haricots noirs et 50 cl d'eau. Faites cuire pendant 4 minutes, en écrasant les haricots avec le dos d'une cuillère en bois, jusqu'à obtention d'une purée épaisse.
- Ajoutez le bouillon de volaille et le reste des haricots. Portez à ébullition, puis faites cuire à feu doux pendant 20 minutes, jusqu'à ce que la soupe épaississe.
- Ajoutez le maïs et poursuivez la cuisson pendant 3 à 4 minutes, jusqu'à ce que le maïs soit tendre. Incorporez le jus de citron vert et salez. Servez dans des bols ou des assiettes à soupe, avec la coriandre hachée, la crème fraîche et les tortillas.

Ragoût d'agneau

birria

Préparation : 20 minutes
Cuisson : 3 heures
Réfrigération : 12 heures
Pour 4 personnes

600 g d'épaule ou de gigot d'agneau
4 piments anchos
2 piments arboles séchés
2 piments pasillas séchés
2 cuill. à soupe de vinaigre
2 brins d'origan frais
ou 1 cuill. à café d'origan séché
2 brins de thym frais
1 oignon jaune
4 gousses d'ail
1/2 cuill. à café de cumin en poudre
1/2 cuill. à café de cannelle en poudre
1/2 cuill. à café de gingembre en poudre
1 feuille de laurier
50 cl de bouillon de bœuf
4 oignons blancs
4 cuill. à soupe de coriandre fraîche hachée
8 tortillas de maïs
sel, poivre du moulin

La préparation n'est pas bien compliquée et c'est un délice... mais elle doit mijoter 3 heures !

- La veille, torréfiez les piments à sec dans une poêle antiadhésive. Retirez les graines et les membranes, couvrez d'eau chaude et laissez tremper 20 minutes. Égouttez et réduisez en purée avec le vinaigre dans le bol d'un mixeur.
- Coupez la viande en cubes. Mélangez du sel, du poivre, l'origan, le cumin, la cannelle, le gingembre et le thym. Enrobez les morceaux de viande de ce mélange. Ajoutez la moitié de la pâte de piment et faites mariner 12 heures au frais.
- Le jour même, préchauffez le four à 180 °C (th. 6). Pelez l'oignon jaune et coupez-le en quatre. Pelez et hachez l'ail. Versez le bouillon dans une cocotte en fonte. Ajoutez l'ail, le laurier et l'oignon. Placez un panier-vapeur dans la cocotte et disposez dedans les morceaux de viande. Ajoutez le reste de la pâte de piment. Couvrez et laissez cuire 3 heures.
- Transférez la viande sur un plat. Retirez la feuille de laurier et l'oignon de la cocotte. Si le liquide de cuisson est trop aqueux, faites-le réduire dans une petite casserole. Versez sur la viande. Servez avec les tortillas chaudes et parsemez la coriandre et les oignons blancs émincés.

Mole de porc à l'ananas et aux bananes plantains

mole coloradito de puerco con frutas

Il y a beaucoup d'ingrédients, mais ils s'associent à merveille, aussi faut-il éviter d'en omettre.

Préparation : 1 heure
Cuisson : 1 h 30
Pour 4 personnes

- 500 g de porc
- 10 piments anchos
- 1 piment pasilla
- 4 beaux tomatillos ou 4 tomates vertes
- 200 g d'ananas frais
- 2 petites bananes plantains
- 150 g de haricots verts (facultatif)
- 4 gousses d'ail
- 6 cuill. à soupe d'huile végétale
- 2 tranches de pain rassis
- 50 g d'amandes émondées
- 120 g de graines de sésame
- 75 cl de bouillon de volaille
- 5 grains de poivre noir
- 1 cuill. à café d'origan séché
- 1 clou de girofle
- 1 bâton de cannelle
- 2 cuill. à soupe de sucre
- sel

• Passez un torchon humide sur les piments, puis retirez les graines et les pédoncules. Torréfiez-les à sec dans une grande poêle antiadhésive pendant 2 à 3 minutes, puis placez-les dans un bol et couvrez-les d'eau chaude. Laissez tremper pendant 20 minutes.

• Pendant ce temps, dans la même poêle, faites rôtir les tomates à sec avec les gousses d'ail non pelées pendant 4 à 5 minutes, jusqu'à ce que leur peau commence à noircir. Pelez l'ail et les tomates.

• Dans une petite poêle, chauffez 2 cuillerées à soupe d'huile et faites-y dorer le pain. Ajoutez les amandes, les graines de sésame, l'origan, les grains de poivre et le clou de girofle. Réduisez en poudre dans un moulin à café.

• Dans la même poêle, chauffez 2 cuillerées à soupe d'huile sur feu vif. Salez le porc coupé en cubes et faites-le revenir pendant 8 à 10 minutes de tous les côtés. Réservez.

• Réunissez les tomates, l'ail et les piments égouttés dans le bol d'un mixeur et réduisez en purée. Ajoutez un peu d'eau si le mélange est trop épais ou trop sec. Incorporez la poudre d'amande et d'épices.

• Faites chauffer 2 cuillerées à soupe d'huile dans une sauteuse sur feu vif. Mettez-y la préparation et faites cuire 10 minutes, en remuant constamment. Ajoutez le porc, le bouillon de volaille et le sucre. Portez à ébullition, puis réduisez le feu et laissez mijoter à couvert pendant 45 minutes.

• Ajoutez l'ananas coupé en morceaux, les bananes pelées et coupées en tranches, et éventuellement les haricots verts équeutés et coupés en deux. Poursuivez la cuisson pendant 10 à 15 minutes, jusqu'à ce que les fruits et les légumes soient tendres et que la sauce soit réduite. Ajustez l'assaisonnement et servez immédiatement, avec du riz et/ou des tortillas.

C'est ma recette personnelle : je préfère le chili con carne avec de vrais morceaux de viande braisée plutôt qu'avec de la viande hachée.

Chili con carne

carne con chili colorado

Préparation : 25 minutes Cuisson : 1 h 10 Trempage : 12 heures Pour 4 personnes

600 g de bœuf
100 g de farine
1 piment chipotle ou arbol séché
150 g de haricots rouges ou noirs
150 g de maïs en grains
3 gousses d'ail
4 cuill. à soupe d'huile végétale
2 brins d'origan frais
sel

Pour servir
8 petites tortillas de blé

- La veille, mettez les haricots à tremper dans de l'eau.
- Le jour même, égouttez les haricots, placez-les dans une casserole et recouvrez d'eau froide. Portez à ébullition et faites cuire pendant 30 minutes, jusqu'à ce qu'ils soient tendres.
- Coupez le bœuf en cubes de 1,5 cm de côté. Placez-les dans une cocotte et couvrez-les d'eau. Salez et portez à ébullition. Couvrez, réduisez le feu et laissez cuire à petits bouillons pendant 45 minutes.
- Égouttez la viande, mettez-la dans un saladier et arrosez d'une louche d'eau de cuisson. Réservez le reste du bouillon de cuisson.
- Pelez l'ail et mettez-le avec le piment dans le bol d'un mixeur ; ajoutez 10 cl de bouillon et réduisez en purée.
- Salez la viande et saupoudrez-la de farine. Faites chauffer l'huile dans une sauteuse et mettez-y à dorer les morceaux de viande pendant 5 minutes, en les retournant souvent. Ajoutez la purée de piment et d'ail, l'origan et 15 cl de bouillon. Portez à ébullition. Égouttez les haricots et le maïs, et ajoutez-les à la viande, puis couvrez. Laissez mijoter pendant 20 minutes, jusqu'à ce que le liquide ait réduit de moitié et que la viande soit tendre.
- Faites réchauffer les tortillas à four doux. Servez le chili con carne avec les tortillas.

Les molotes sont beaucoup plus faciles à préparer qu'il n'y paraît. La preuve, j'y arrive !

Petits farcis frits, sauce à l'avocat

molotes

Préparation : 45 minutes Cuisson : 30 minutes Repos : 1 heure Pour 4 personnes

2 belles pommes de terre
60 g de parmesan râpé
200 g de feta
100 g de cheddar coupé en cubes
huile de friture
sel

Pour la pâte
250 g de farine de maïs
3 œufs
10 cl d'huile
1 pincée de sel
60 cl d'eau

- Faites cuire les pommes de terre lavées dans de l'eau bouillante salée pendant 15 minutes. Égouttez-les et épluchez-les. Placez la chair dans un grand bol. Écrasez-la grossièrement à la fourchette et laissez refroidir à température ambiante.
- Pendant ce temps, mélangez la farine de maïs, une pincée de sel et 60 cl d'eau dans un saladier. Ajoutez les œufs, l'huile et pétrissez pendant quelques minutes, jusqu'à l'obtention d'une pâte lisse, mais pas collante. Placez 1 heure au frais.
- Placez la feta et le parmesan dans le bol d'un robot et mixez brièvement pour les émietter. Ajoutez la pâte à base de farine de maïs et actionnez de nouveau l'appareil. Incorporez enfin les pommes de terre et mixez jusqu'à l'obtention d'une pâte lisse, mais pas collante. Ajoutez un peu d'eau si la pâte vous paraît trop épaisse.
- Placez la boule de pâte sur le plan de travail et divisez-la en petites boules de la taille d'une noix. Pour former les molotes, aplatissez chaque boule de pâte avec la paume de la main et placez un peu de farce ainsi qu'un cube de cheddar au centre. Repliez soigneusement la pâte autour du fromage et donnez une forme allongée au molote. Renouvelez l'opération jusqu'à épuisement des ingrédients.
- Chauffez l'huile dans une poêle et faites-y frire les molotes par trois ou quatre, 2 minutes de chaque côté. Réservez au chaud sur du papier absorbant dans le four à 120 °C (th. 4). Servez chaud avec de la sauce à l'avocat (voir p. 22)

HAMBURGUES
TACOS
ENSALADAS
TORTAS
JUGOS
LICUADOS
Café y má

J'adore également cette soupe, particulièrement parfumée. Attention toutefois au dosage du piment fort si vous n'en avez pas l'habitude.

Soupe au porc et au maïs

pozole

Préparation : 15 minutes Cuisson : 20 minutes Pour 4 personnes

500 g de longe de porc coupée en petits cubes
1 cuill. à café de piment fort en poudre
2 cuill. à soupe d'huile d'olive
1 gros oignon
3 gousses d'ail
3 oignons blancs
2 piments verts ou jalapeños en conserve
300 g de maïs blanc en conserve
300 g de pulpe de tomate en conserve
1/2 cuill. à café de cumin en poudre
50 cl de bouillon de poulet
1/2 cuill. à café de sel
poivre du moulin

- Assaisonnez la viande avec le sel, du poivre et le piment en poudre. Faites chauffer 1 cuillerée à soupe d'huile d'olive sur feu vif dans une cocotte ou une grande casserole. Faites-y revenir le porc pendant 5 minutes et réservez sur une assiette.
- Épluchez et hachez l'oignon et l'ail. Réduisez le feu, ajoutez 1 cuillerée à soupe d'huile d'olive dans la cocotte, faites-y revenir l'oignon et l'ail pendant 4 minutes. Ajoutez le cumin et poursuivez la cuisson pendant 1 minute. Ajoutez le maïs, la pulpe de tomate, le bouillon de poulet et les piments émincés. Portez à ébullition. Réduisez le feu et laissez mijoter 10 minutes.
- Ajoutez le porc, rectifiez l'assaisonnement et laissez cuire encore 1 minute. Servez avec les oignons blancs émincés.

Gâteau de maïs

pastel de elote

Préparation : 20 minutes Cuisson : 45 minutes Pour 4 personnes

3 gros œufs
75 g de sucre
100 g de beurre mou
100 g de farine de maïs
200 g de maïs en grains surgelé
4 cuill. à soupe de crème fraîche
1/2 cuill. à café de sel
2 cuill. à soupe de sucre pour décorer

- Faites décongeler le maïs. Beurrez un moule à manqué. Préchauffez le four à 180 °C (th. 6).
- Travaillez le beurre et le sucre au batteur pendant 3 minutes. Battez les œufs dans un grand bol, puis versez-les dans le bol d'un robot. Ajoutez le mélange beurre-sucre, le maïs en grains, la farine de maïs, la crème fraîche et le sel. Actionnez le robot pendant 5 minutes, jusqu'à obtention d'une pâte bien lisse.
- Versez la préparation dans le moule beurré et faites cuire pendant 45 minutes, jusqu'à ce que le centre du gâteau commence à figer. Sortez du four, laissez refroidir, puis saupoudrez de sucre en poudre.

Du maïs pour le dessert, direz-vous ? Essayez donc...

Ces petits gâteaux sont mon péché mignon, surtout lorsqu'ils sont servis avec un bon chocolat chaud à la vanille rehaussé par une pointe de piment.

Petits gâteaux aux cacahuètes

polvorones

Préparation : 15 minutes Cuisson : 15 minutes Pour une vingtaine de gâteaux

125 g de beurre mou
2 œufs
150 g de sucre
150 g de cacahuètes non salées, réduites en poudre
300 g de farine
1 cuill. à café de levure chimique
1 cuill. à café d'extrait de vanille
100 g sucre glace
1 cuill. à soupe de cannelle en poudre
1 pincée de sel

- Préchauffez le four à 180 °C (th. 6). Travaillez le beurre en pommade dans un saladier. Ajoutez le sucre et fouettez jusqu'à obtention d'un mélange léger et mousseux.
- Mélangez la farine, les cacahuètes en poudre, la levure et le sel. Incorporez petit à petit au mélange précédent. Mélangez bien. Ajoutez l'extrait de vanille.
- Prélevez un peu de pâte et formez des boules de la taille d'une noix. Posez-les au fur et à mesure sur une plaque à four recouverte de papier sulfurisé, en les espaçant suffisamment. Faites cuire 12 à 15 minutes, jusqu'à ce que les polvorones soient bien dorés.
- Mélangez le sucre glace et la cannelle dans une assiette. Roulez les polvorones dans ce mélange dès leur sortie du four. Laissez refroidir sur une grille.

Index des recettes

Carnet d'adresses

À Paris

- **Casa Picaflor**
5, rue Tiquetonne
75002 Paris

- **Mexique and co**
10, rue Dante
75005 Paris

- **La Grande Épicerie de Paris**
38, rue de Sèvres
75007 Paris

À Toulouse

- **Afro Dom Tom**
3 boulevard d'Arcole
31000 Toulouse

Sur le web

- **Aux délices des Amériques**
Vente en ligne de produits issus du continent américain, parmi lesquels un « rayon » de produits mexicains.
www.auxdelicesdesameriques.com

- **La Chivita latina**
Vente en ligne de produits gastronomiques latino-américains. Livraison à domicile.
www.chivitalatina.com

- **Dos mexicanas**
Un site spécialisé sur le Mexique, qui propose une épicerie en ligne, où il est possible de commander de nombreux produits spécifiques.
www.dos-mexicanas.com

- **Solidar Monde**
Vente en ligne de produits issus du commerce équitable, parmi lesquels des denrées alimentaires en provenance d'Amérique latine.
www.solidarmonde.fr

Dans la même collection :
La cuisine italienne, La cuisine française, La cuisine indienne,
La cuisine thaïlandaise, La cuisine antillaise, La cuisine marocaine
À paraître : La cuisine chinoise, La cuisine espagnole

Merci . . .

La styliste tient à remercier vivement les boutiques Al sol de Mexico et Rickshaw pour leur aimable prêt de textile et de vaisselle, ainsi que Manuella Chantepie pour son aide précieuse.

Si vous souhaitez recevoir notre catalogue
et être tenu au courant de nos publications, envoyez-nous
vos nom et adresse en citant ce livre et en précisant
les domaines qui vous intéressent.

SOLAR - 12, avenue d'Italie, 75013 Paris
Site Internet : www.solar.tm.fr

Directrice littéraire : Corinne Cesano

Editrices : Delphine Depras et Aurélie Aminian

Création graphique et réalisation : Guylaine Moi

Responsable artistique photo : Vu Thi

Collaboration éditoriale : Sandrine Delplace

Fabrication : Denis Lanson, Sandrine Levain

Photogravure : Point 4

© 2007, Éditions SOLAR, un département de place des éditeurs
Tous droits de traduction, d'adaptation et de reproduction
par tous procédés, réservés pour tous pays.

ISBN : 978-2-263-04238-6
Code éditeur : S04238

Dépôt légal : septembre 2007
Imprimé en Espagne par Gráficas Estella